管理有道，经营有方，书启新篇，基业长青。

AI所向披靡，唯有从0—1的创意策划，是人类智慧最后的堡垒。

——阿正

超越定位

Beyond Positioning

阿 正 著

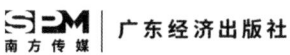

广东经济出版社

·广州·

图书在版编目（CIP）数据

超越定位 / 阿正著．—广州：广东经济出版社，2024.8
ISBN 978-7-5454-9291-0

Ⅰ.①超…　Ⅱ.①阿…　Ⅲ.①品牌—企业管理　Ⅳ.① F273.2

中国国家版本馆 CIP 数据核字（2024）第 106312 号

特约策划：萧宿荣
责任编辑：刘亚平　曾常熠
责任校对：罗玉琪
责任技编：陆俊帆
封面设计：集力書裝　彭　力

超越定位
CHAOYUE DINGWEI

出　版　人：刘卫平	
出版发行：广东经济出版社（广州市水荫路 11 号 11～12 楼）	
印　　　刷：珠海市豪迈实业有限公司	
（珠海市斗门区白蕉镇城东金坑中路 19 号）	
开　　本：730 毫米 ×1020 毫米　1/16	印　张：13.75
版　　次：2024 年 8 月第 1 版	印　次：2024 年 8 月第 1 次
书　　号：ISBN 978-7-5454-9291-0	字　数：222 千字
定　　价：68.00 元	

发行电话：（020）87393830　　　　　编辑邮箱：gdjjcbstg@163.com
广东经济出版社常年法律顾问：胡志海律师　　法务电话：（020）37603025
如发现印装质量问题，请与本社联系，本社负责调换。
·版权所有·侵权必究·

代　序

阿正之正

与阿正大哥相识已有20余载。如果从定位战略的角度，选一个汉字来描述他，那么最天然而又精准的，无疑是"正"字。

外形上，他高大魁梧、沉稳儒雅，有一种堂堂正正的气度。从社会角色看，历史学专业出身，让他深具战略眼光和大局胸怀。无论在出版领域、电视领域，还是品牌策划、营销、传播领域，他总是能站在行业最高处，做全景和纵深观察，给出切中要害的判断。

多年前，曾和他一起参加过很多场策划会。印象最深的是，无论现场讨论如何纷乱无序，到总结陈词时，他总是能从一团乱麻中轻松理出一个简洁清晰、令人信服的思路。能有这等功力，天分、勤奋、博学、深思，缺一不可。

阿正依据自己多年的策划实践经验，在吸收了以特劳特为代表的西方定位理论——如何在潜在顾客心中做到与众不同——的基础上，总结出了带有方法论性质的三句话：定位决定命运；策划改变命运；传播影响命运。他还创立了"极端策划"理念：将品牌或事件推到极致，使之占据第一或唯一。运用这一理念，他在国家重大项目及传播、品牌、营销、文旅、城市形象等诸多领域进行了广泛的实践和验证，并有了可观的积累。

在我看来，阿正的上述理念，其实同样可以归结到一个"正"字。

《说文解字》解释："正，是也。从止，一以止。"可以理解为：停在那恰到好处的一点。这正是定位理论的核心观点——在人们头脑中选取那具有唯一性的差异点。

阿正的策划理念与西方定位理论有不谋而合之处，更有超越之处。这种超越正体现在"正"字上：对传统文化、国情民情和市场规律的"正解"。

西方定位理论先选择一个独一的概念点，再以它为圆点设计坐标，进行系统规划。这有点像采矿挖宝，成败主要取决于"寻宝图"，而非寻宝者本身。而一个定位策略是否有效，除了定位本身的精确性，更依赖于定位者的禀赋和条件，即名实相符。

在故宫"发现中文之美"的定名和定位难题中，阿正创造性地将"中文"改为"中纹"，一字之易，将故宫的美学从文字的窄域立刻扩展到文化艺术符号的历史全域，一举突破了从中国文字数字化到中国文化数字化的"瓶颈"。这绝不仅是一次表层定位的成功，而是基于多年来对中国历史和传统文化的沉淀，让故宫美学回归到历史版图的"正位"。这也绝不是抢占和生造一个概念，而是从定位者自身展开观察和思考，选择独属于它的天然战略位置。

他认为，唯有真正精准的定位，才坐得正、立得稳、行得远。

对于定位确立后的策划，阿正也在其中体现了一种"正命"观。他认为，无论个人、企业，还是国家，都具有一种内在的"命定性"，即受到基因、环境、历史等条件的制约和限制。可为之处，在于努力寻找适合自身的路径，将内在潜力发挥到最大限度，也就是孟子所言的：君子"顺受其正"。

真正好的策划，显然不是生造概念，凭空勾画蓝图，简单地"讲故事"，更不是"编故事"，而是就地生根，发掘事物自身蕴藏的潜力。阿正对朱子文化、阳明文化、八仙文化、泰山文化等众多文旅项目的策划，都是先立足于对其自有历史文化资源的深度探究，再进行现代性的发掘和创新性的转换升级。阿正的策划，是探源、导流型策划，不只关注一时一事，而是追求更为持久的生命力。

至于传播，用阿正的理念可以称为"名正言顺"型传播：不做表面文章，而是深入内部信息土壤，寻找真正有价值的传播点。这种遵循传播的底层逻辑、坚守传播的"底线思维"的努力，在"王老吉—加多宝"生死之战中展现得最为精彩。阿正从纷繁的舆论场中非常准确地找到了争议的"关键点"，并巧妙地借用"生父"和"养父"这对概念，瞬间将复杂混乱的品牌权益之争，转换为普通受众一听就懂的日常概念，其间的是非曲直也不言自明。

我认为，阿正基于"命运待定论"的"极端策划"理念，不只是外部策略的定位选择，更是一种根植于内生性的长期定位战略；也不止于在战略上谋求

"争第一""做唯一",而是在陪衬上践行了从"定位决定命运"到"策划改变命运,传播影响命运"的系统性认知。所以,我更愿将阿正的定位理论称为"正位学"。

这种内生性正位不同于一般的商业性定位,它立足于市场营销,但远远超越了商业范畴。它是从商业地表的立足点出发,进行内在的"地下"深层探索,寻找文化脉络、历史根基、集体潜意识,疏通、汲取深远长久的生命之源。

阿正在一系列的策划实践中,对中国文化战略和民族品牌的本土化之路进行了长期持续的探索,我们始终能看到,他秉持的是一种深厚的历史文化拓展力和家国天下的胸怀格局。他通过"上下五千年,纵横八万里"的求索,将人类社会、商业世界和个人成长串联起来。在一众策划名家中,他以大文化、大历史、大情怀,铸造出独此一家的"正"字招牌,走出了一条他内心遵循的"正道"。

我想说,在同类图书里,这或许是格局最大的一部著作。

这部著作是阿正策划生涯的精华总结,也是对他的一系列经典案例的首次解构。它不仅能给策划领域的专业人士带来有益启发,对青少年读者,甚至企业、景区、城市的管理者而言,也会带来有益的视野拓展、思维维度提升。因为,每一个人、每一座城都是历史和文化的结晶,都拥有自身不可替代的资源和优势。如果能参考"阿正极端策划"的理念,即我所说的"正位学",来审视、分析自我,找准自身定位,就一定能更好地创造出独属于自己的现在和未来。

阿正说:这世上,几乎所有的人都期盼着能改变命运,但最后,多数人都沦滞为被命运改变的人。那么,在"三分注定、七分待定"之下,命运之神将把机会赐予怎样的人?

翻开此书,你就可能会找到属于自己的答案。

冶文彪
2024年3月28日于成都

自　序

2023年11月8日，我第33次从西宁赴贵德——一座因为"天下黄河贵德清"而闻名的小城。黄河在这儿转了一个幅度很大的弯，河水清冽可鉴。远山苍茫荒凉，在一年中的大半时光里，峰顶的积雪都在阳光下闪耀着神秘的光芒，而被宽阔河湾兜护着的这座小城，居然树木苍苍，花开三季，宛若江南。

小城古代有一位喜欢植树的"县太爷"，命全城百姓种树，每到春天，这位"县太爷"必骑毛驴，挥大棒，巡察种树，遇有怠工，举棒便打。尽管他如此粗暴，却因留得半城参天古树而成佳话，颇得口碑而善终。足见中国百姓对人对事，是能够"放眼量"的。

大树掩映着众多寺塔，有文昌庙、关帝庙、龙王庙、珍珠寺、贡巴寺、白马寺、铁瓦寺等，在历史上各有盛名。黄河湾里侧怀抱的那座塔，名为乜纳塔，又称为弥勒塔、镇水塔，初建于唐，有"青海第一塔"之誉。相传，塔基有避水宝珠，经黄河千年冲刷，倾若比萨斜塔而千年不倒。数年前，由格鲁派活佛嘉洋尖措主持匡正重建，乃见乜纳塔地宫中有无数唐代小佛像，极为殊胜。众寺塔晨钟暮鼓，经声悠悠，与黄河的潺潺之声形成奇妙的共鸣，令人心静如水。

是日子夜，头枕黄河，思绪翻飞，盘桓脑际近20年的问题终于得解。

约20年前，当北大某个研究生班的同学们听完我的讲座，将我解析问题的方法论戏称为"阿正语录"的时候，我就被怂恿要写一本书。但一个曾经从事图书编辑出版工作17年、历史学专业出身的人，看着汗牛充栋的书籍，深知绝大多数的书都不过是数量的叠加，能留下真知灼见的寥寥可数，倘若再添一本平庸之作，就如将一粒沙扔进浩瀚的书海，了无意义。

止语20年，磨砺20年，我终于在经声与涛声交汇的晨曦中找到路径，决心将

"超越定位"进而"改变命运"这个人生命题,以独特的方式分享给世人。

大略而言,世界的历史可以分为两段:已发生的和将发生的。

世界历史的所有大事都可以分为两类:突发的和策划的。

突发事件一旦发生,就进入了"应对"阶段,实际上,也就进入了策划程序。

因为,人类总是要直面自然的恩赐或责罚,然后决定顺变或应变。

因此,天下大事,总体来说,都是人类直面自然顺变或应变的结果。换言之,都是策划的产物。

因为,策划就是战略设计,策划就是谋篇布局,策划就是运筹帷幄,策划就是面向未来、决胜千里。

天下大事如此,城市、企业、品牌乃至个人,皆是如此!

因此,策划就是我们改变命运的努力!

"定位决定命运,策划改变命运,传播影响命运",这寥寥数语,基于我数十年的策划实践,成为解析问题的一把金钥匙,也成就了众多国际首创的经典策划案例。

这把金钥匙,我打磨了20年。打磨这把金钥匙之前,我做了20年的漫长准备。

1980年9月,我考入厦门大学历史系后上的第一堂课,是著名台湾问题研究专家陈孔立教授讲授的。他旁征博引,强调历史专业的重要性及学习与研究的方法,课堂生动有趣,引人入胜。临近尾声,他介绍了历史系的雄厚师资,重点介绍了历史学家傅衣凌教授、韩国磐教授。他说,韩教授住在美丽的鼓浪屿,鼓浪屿是中国著名的"音乐之乡""钢琴之岛",音乐人才辈出,享誉全球。

他充满激情地说:鼓浪屿的轮渡码头,就是一座钢琴的造型!所有去鼓浪屿的人,从轮渡上第一眼看到的,就是象征"钢琴之岛"的钢琴码头!

那一瞬间,我的眼睛被点亮了!我第一次知道,一座城市的文化,可以那样表达,表达得那样鲜活、那样独树一帜,让人难忘!这句话,就像一束光,瞬间照亮了我,为我打开了无尽的视野。

那时,"策划"还不是一个广为人知的词语,但是谁也不曾料到,它后来能成为一个备受关注的"行当",世界上几乎所有引发关注的事件背后,都有"策划"的影子。从那一刻起,我知道,文化的研究是重要的,而文化的提炼和传播同样重要。

大学毕业后，我从事了17年图书出版策划、4年央视节目策划工作，2005年后，我创办"阿正传播"，创立"极端策划"理念，塑造"阿正极端策划"品牌，成了一名职业策划人。

一个自幼成长于武夷山下崇山环绕的小乡村、上县城都成为奢望的农家子弟，2000年远赴万里之外的南极，成为"全球首次人文学者南极行"的总策划兼领队；2004年成为"人类首次到达南极冰盖最高点DOME A"的总策划；其后成为故宫"发现'中纹'之美"及武夷山朱子林文旅、崇义王阳明文旅等众多项目的总策划，阶段性主持泰山文旅、烟台文旅、客天下文旅的策划，还影响了"王老吉—加多宝"的生死之战，策划承办了中国楹联史上首创的"一字逾千金，只征半句联""一份农民签发的全球征诗令""全球首次南极申奥""全球首次南极钓鱼大赛"，创立"极端策划"理念，以"上下五千年，纵横八万里"为宏观思考场域，创造众多全球首创的策划案例，并在国家重大项目及传播、品牌、营销、文旅、城市形象等诸多领域有了些积累。及至知天命之年，我更加坚信，凭借"极端策划"理念，任何人都有可能建立起全新的思维方式，从而面对并改变"待定"的命运，创造更好的未来。

我的"极端策划"理念，就是将品牌或事件推到极致，使之占据第一或唯一概念的战略策划，它以"定位决定命运、策划改变命运、传播影响命运"三个互为关联的系统思维方法，上或可为国家、民族、城市谋，下当可为企业、品牌、个人谋。"极端策划"理念聚焦"争第一、做唯一"的目标，曾经成就若干经典：

以"中纹"取代"中文"，一词新创，成就故宫"发现'中纹'之美"，突破从文字数字化到文化数字化的"瓶颈"；

"人类在南极的最后一个梦想"，一个创意造就全球瞩目事件，为国家南极事业筹得"超过以往20年总和"的赞助资金；

"生父"—"养父"之形象比喻，"中国王老吉"—"美国乔布斯"之命运对比，令"王老吉—加多宝"生死之战实现大反转……

其妙若此，或前所未见？谓予不信，且听我一一道来。

目　录

第一部分　定位决定命运

第一章
特劳特的定位理论为何能花开中国 / 3
　　◎定位理论：改变麦迪逊大道的广告游戏方法 / 3
　　◎定位理论在中国："怕上火，喝王老吉" / 4
　　◎5个传统营销理论 / 6
　　◎从系统思维出发的营销新观念 / 9
　　◎系统思维的基础：命运待定论 / 11
　　◎中国神话的另一种解读 / 12

第二章
全球首次人文学者南极行："现状定位＋目标定位"的巧妙运用 / 16
　　◎在人类最后的"诺亚方舟"上，中国不能"叨陪末座"！ / 16
　　◎将一个伟大的创意，变成一次全球首创的壮举 / 20

第三章
冰穹A科考项目：用"定位＋价值重构"嫁接商业与情怀 / 22
　　◎策划背景：不让"兵家必争之地"落入他国之手 / 23
　　◎跳出原有思维，重构项目价值 / 25
　　◎让价值成为公众话题 / 26
　　◎项目延伸：为中国南极第三个科考站昆仑站命名 / 28

第四章
南极格罗夫群峰命名：中华优秀传统文化与定位的融合 / 32

◎用中文命名"新大陆" / 33

◎以中国历史上的杰出人物来彰显中华民族对世界文明的贡献 / 34

第五章
天作国际：一套楼书带来的巨量销售 / 38

◎"第二长安街"：定位错了，就一切都错了 / 39

◎新定位确立价值支点："东方第一文化大道" / 40

◎一套楼书营造独特精神空间：与一百个改变中国历史的人物"撞个满怀" / 42

第六章
建邦华府：借势营销＋跨界营销的成功案例 / 44

◎现代营销是否有不可撼动的铁律 / 45

◎独辟蹊径，另类视角解读地块地名 / 45

◎深度挖掘地块历史，重塑项目价值 / 46

◎全球征联，借势营销 / 48

◎巧妙利用CCTV大赛资源跨界营销 / 49

第七章
礼仕阁：从一条转述文字中挖掘价值 / 51

◎礼士路=驴市路？ / 51

◎从一条转述文字开始的历史考证 / 52

◎地名变迁里的文化价值与商业价值 / 54

第八章
朱子林文旅项目：一个创意实现项目快速变现 / 58
- ◎朱子墓的困境：形制简单，难成景观 / 59
- ◎重构中国古墓价值体系：提出"中国四大圣贤古墓"的创意 / 61
- ◎紧扣核心价值：以文化拓展区域景观的纵深 / 64

第九章
崇义阳明心城：五步法精准定位阳明文化独特魅力 / 66
- ◎阳明文化："五省两市之争"及"三县之争" / 68
- ◎探求：崇义在阳明文化版图中的独特地位究竟是什么 / 68
- ◎立足本我：五步精准定位崇义阳明文化 / 70
- ◎意外的奖励：一个超级大红包 / 71

第十章
泰安泰山佑：深挖历史文化根源的定位策划和项目命名 / 73
- ◎泰山脚下：一块宝地"遗世而独立" / 73
- ◎深度解析泰山文化价值：众神护佑之地 / 74
- ◎"泰山佑"：命名背后的文化内涵 / 76

第二部分　策划改变命运

第十一章
策划的力量 / 81
- ◎世上只有两类大事：突发的和策划的 / 81
- ◎历史上的经典策划案例 / 82
- ◎好奇心：成功策划的要诀之一 / 83
- ◎竞争：策划的本质 / 84

第十二章
故宫"发现'中纹'之美"：一字之变带来故宫文化深度溯源 / 87
◎从"发现中文之美"到"发现'中纹'之美" / 87
◎"中纹"：中华优秀传统文化的密码 / 89
◎"中纹"带来的关注超过5亿人次 / 91

第十三章
烟台文旅：用差异找到胜出机会 / 93
◎提出关键问题，确立核心价值 / 93
◎"舍九取一"：八仙才是烟台真正的"仙" / 95
◎牢牢把握文化核心支点：将八仙文化进行到底 / 96
◎文化也是硬实力：可观的效益 / 98

第十四章
漳墩小白茶：从无到有打造国家地理标志品牌 / 100
◎差异化定位与标识设计 / 101
◎建立证据链：多维度佐证"中国小白茶发源地" / 102
◎持续发力，才能打赢市场认知战 / 104

第十五章
"新长城——特困大学生自强项目"：理念创新与价值支点重构 / 105
◎理念创新：贫困生不是弱者，而是求学楷模 / 106
◎重构项目价值支点："因为你自强，所以我资助" / 107
◎一份催人泪下的募捐倡议书 / 108

第十六章
中国国际青少年动漫周：城市动漫大潮中的差异化策划 / 111
◎差异化定位策划：助力哈尔滨急起直追 / 113

◎目标设定：打造中国动漫人才"蓄水池" / 114
◎活动举办：形式多样，精彩纷呈 / 114

第十七章
金海集团：重构品牌矩阵与升级品牌 / 116

◎战略目标：做行业第二阵营里的第一 / 117
◎战略实施：重构品牌矩阵 / 118
◎战略转身：弃海从江 / 120
◎升级品牌：别具一格的标志设计 / 122

第三部分　传播影响命运

第十八章
传播的历史演进 / 129

◎人类的相遇：始于资讯交换 / 129
◎资讯匮乏：造就"万众一心" / 130
◎资讯丰盈：观念的分歧和阶层的分野 / 131
◎前两次互联网浪潮：网络社交时代的传播场域 / 132
◎第三次互联网浪潮：信息投喂与信息隔膜 / 133
◎传播影响命运的五个层面 / 135

第十九章
黄坑镇文旅：一份由农民签发的全球征诗令引发的轰动效应 / 142

◎"黄坑旅游九大谜团"：让好奇心引导旅客的脚步 / 143
◎全球补诗大赛：一份由农民签发的全球征诗令 / 143
◎千年余一句，谁能吟全诗？——"叶黄满坑金"全球补诗大赛 / 144
◎历时百天：传播百万次 / 148

第二十章
生命人寿：事件营销推动企业高速发展 / 150
◎品牌重塑：让企业形象形神兼备 / 151
◎事件营销：转瞬即逝的机遇 / 152
◎三项"第一"：密集创意创造出几何级数的传播 / 154

第二十一章
"难忘方毅"永久电子纪念馆：人物形象传播的创新尝试 / 156
◎创新：建立一座永久的、全天候的"电子纪念馆" / 156
◎系统传播：让伟大人物精神成为民族的宝贵财富 / 158

第二十二章
王老吉—加多宝商标权之争：一场实现传播大反转的事件 / 163
◎"生父"与"养父"：一对让公众瞬间辨明是非的概念 / 165
◎引入乔布斯的故事：引爆舆情的一把大火 / 166
◎是是非非：关于商业与伦理的思考 / 167

写在末尾
◎重构人生坐标，相信"骏马面前无沟壑" / 170
◎坚守初心，坚信大道至简！ / 171
◎但问耕耘，静待花开 / 172
◎让好奇心引领着，永远走向远方 / 172

附 录
◎附录1 全球首次人文学者南极行纪实 / 174
◎附录2 漳墩作为"贡茶"产地、"小白茶"发源地的历史考证 / 181
◎附录3 中国王老吉和美国乔布斯：命运异同的背后 / 200

后 记

第一部分　定位决定命运

"定位决定命运"：强调对现状的解析、实力的细分、差异化的解构，并以此为基础，确立愿景与目标。可以说，这个过程的深刻与否，决定了事物、人物、产品、品牌、景区、城市甚至国家的命运。

第一章

特劳特的定位理论为何能花开中国

定位理论：改变麦迪逊大道的广告游戏方法

在美国，广告人一度被认为是富有成就感的群体。19世纪30年代，发源于美国的经济大萧条波及整个资本主义社会，变成了世界性的经济大危机。1932年，罗斯福击败胡佛，当选为美国总统。他推行新政以提供失业救济与复苏经济，并成立众多机构来改革经济和银行体系，从经济危机的深渊中挽救了美国。在这一挽救美国经济的过程中，罗斯福看到了广告和广告人的巨大作用，禁不住说出"Be the president or else an advertising guy"——"不当总统就当广告人"，这句名言激励了千千万万的人投身广告业。

2001年，美国营销学会评选"定位"为"有史以来对美国营销影响最大的观念"。

2009年，美国《广告时代》杂志评选《定位》为"史上百本最佳商业经典"第一名。

创造这个百年经典的，是艾·里斯（Al Ries）和杰克·特劳特（Jack Trout）——当年美国两个年轻的广告人。

1950年，毕业于迪堡大学（DePauw University）的艾·里斯进入通用电气公司纽约分公司广告与销售部门，开始了他成为世界著名营销战略家的辉煌人生旅程。

1963年，艾·里斯在美国纽约成立了里斯公司。1968年，里斯公司迎来艾·里斯生命中最重要的伙伴杰克·特劳特。

1969年，杰克·特劳特首次提出"定位"（positioning）概念，用来定义里斯公司提出的"用一种最简单最清晰的方式"来表述的营销哲学。同年，关于定位理论的第一篇文章《定位：今天"ME-TOO"市场中的竞赛》在《工业营销》杂志上正式发表。

1970年，后来被誉为"现代营销学之父"的菲利普·科特勒（Philip Kotler），最先将"定位"引入营销中，作为"4P"［product（产品）、price（价格）、promotion（推广）、place（渠道）］之前最重要的另一个"P"，以引领企业营销活动的方向。

1971年，后来举世闻名的"广告教父"大卫·奥格威（David Ogilvy），在《纽约时报》刊登广告，列出了创造"有销售力广告"的38种方法。排在首位的，是他所说的"最为重要的决定"——"广告运动的效果更多地取决于对产品的定位，而不是怎样去写广告"。

菲利普·科特勒和大卫·奥格威的肯定和助推，使"定位"概念在美国声名鹊起。

1972年，《广告时代》刊登了艾·里斯和杰克·特劳特的系列文章《定位时代的来临》，正是这一系列文章以及后来刊印的单行本，开创了营销史上著名的"定位理论"。

里斯和特劳特认为："定位是你对未来的潜在顾客的心智所下的功夫，也就是把产品定位在你未来潜在顾客的心中。"

定位理论在中国："怕上火，喝王老吉"

当《定位时代的来临》系列文章在《广告时代》发表时，里斯和特劳特应该不会想到，他们的定位理论很快就改变了麦迪逊大道的广告游戏方法。而他们更不可能想到的是，多年之后，他们的"定位理论"会在中国生根开花。

《广告时代》刊登《定位时代的来临》系列文章的1972年，美国总统尼克松访华，打破了新中国成立后中美相互隔绝的局面。1979年1月1日，中美两国正式建交，两国交流的大门从此打开。体育、教育、文化艺术的互动交流率先进行，1991年，中文版《定位》出版，定位理论正式传入中国。

20世纪90年代末，买到《定位》中文版的那一天，从事多年图书出版策划工作的我彻夜捧读，激动万分。一方面，我觉得，从理论到实践，《定位》可谓别开生面，是企业战略、市场营销的利器；另一方面，我为自己过往的实践与定位理论"殊途同归"而感到窃喜不已。

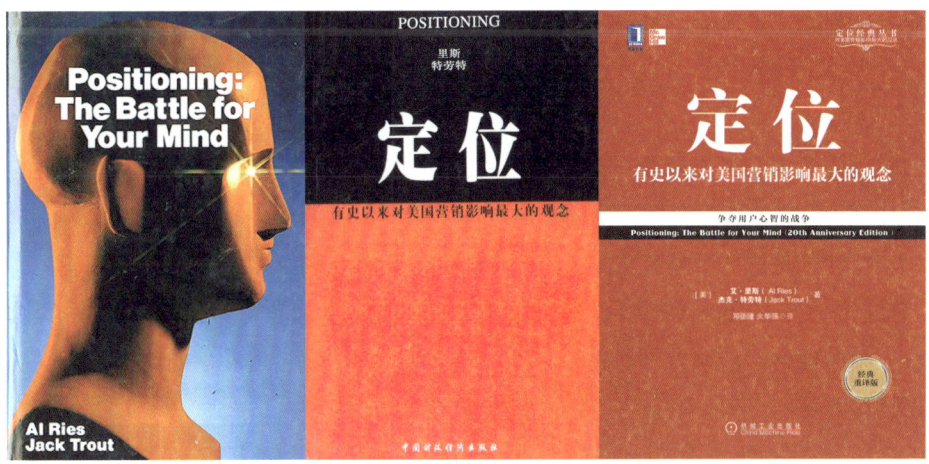

在反复阅读的过程中，我认为，定位的价值远远超过产品、品牌的营销，它的指导意义完全可以作用于一个人、一座城、一个民族，乃至一个国家。

定位理论随着"怕上火，喝王老吉"这句广告语火遍了中国，王老吉的年销售额从2002年的1.8亿元，增长到2011年的超过200亿元，大幅超过可口可乐在中国160亿元的市场规模，成为中国饮料第一品牌。王老吉年销售额飞速增长的背后，"怕上火，喝王老吉"这句广告语功不可没，成为中国广告界的经典之一，也成为定位理论在中国落地以来最成功的案例，由此奠定了定位理论此后10多年在中国的发展基础。随后，定位理论相继成就了江中健胃消食片、西王玉米油、东鹏特饮、千禾、百雀羚等这些行业第一的品牌，将"协助中国企业建立强势品牌"的使命付诸行动。

王老吉的定位案例让定位理论在中国一举成名、妇孺皆知，这一理论改变了很多企业的认知，中国营销市场的规则开始跟上国际的节奏，从"直接做广告"瞬间转变成了"先定位，再做广告"。随着中国特色社会主义市场经济体制建设的不断深化与完善，定位理论在中国得以广泛应用，远远超出了市场营销的范畴。

5个传统营销理论

众所周知,在广告营销领域,西方的理论已一统天下几十年。大略来说,主要有4P理论、4C理论、IMC理论、SIVA理论、定位理论5个传统的营销理论。

4P理论

美国营销学者杰罗姆·麦卡锡(Jerome McCarthy)在20世纪60年代提出的"4P理论",是西方营销理论的开山之作。

"4P"是由"产品"(product)、"价格"(price)、"渠道"(place)、"推广"(promotion)4个词的英文首字母组合而成的,是关于营销组合的一套比较完整的理论。它致力于解决卖什么、卖多少钱、什么渠道卖、如何卖好等一系列营销问题。

4P 理论

价格 price	渠道 place
产品 product	推广 promotion

1967年,菲利普·科特勒与凯文·凯勒(Kevin Keller)合著的《营销管理》,是4P理论的典范著作,在世界各国的影响极深远。

4C理论

1990年,美国营销学家罗伯特·劳特朋(Robert F. Lauterborn)提出了著名的"4C理论"。4C理论强调以消费者为中心,主要关注如何在市场营销中满足消费者的需求和欲望,4C理论的要素包括"消费者"(consumer)、"成本"(cost)、"便利"(convenience)、"沟通"(communication)。

4C 理论

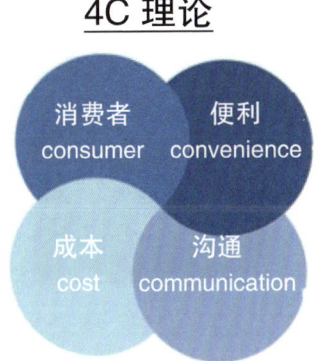

在这个理论中,流传最广、最令人耳目一新的观点是四个"忘掉":

忘掉产品,考虑消费者的需要和欲求;

忘掉定价,考虑消费者为满足其需求愿意付出多少;

忘掉渠道,考虑如何让消费者方便;

忘掉促销,考虑如何同消费者进行双向沟通。

IMC理论

美国西北大学教授唐·E.舒尔茨(Don E. Schultz)于20世纪90年代提出的IMC理论也具有很大的影响力。IMC是由Integrated Marketing Communications三个词的英文首字母组合而成,即"整合营销传播"。

IMC理论强调要以消费者资料库的建立为基础,重视数据的价值,这一点使这一理论与当下这个大数据时代没有脱节。

IMC理论强调要重视"一致性"的声音,即通过不同的手段与方式,传递一致的声音,这一点又与当下这个全媒体时代无缝衔接。

IMC理论提出"关系营销"和"接触点管理",在宏观角度上,要放眼整个产业生态圈;在微观角度上,要着眼企业的产品和品牌与外界的每一个接触点,从公司内部员工到专柜的售货员。

舒尔茨教授因这一理论被誉为"世界整合营销传播之父"。

SIVA理论

"SIVA理论"于2012年由美国西北大学教授唐·E.舒尔茨提出。SIVA理论是移动互联网时代对4C理论的提升,主要关注消费者在购买产品或服务过程中的决定因素。SIVA是由"解决方案"(solution)、"信息"(information)、"价值"(value)、"途径"(access)4个词的英文首字母组合而成。

"SIVA理论"的价值在于强调One by One(个性化)的品牌沟通对话机会,并且更明晰地刻画了消费者在互联网时代从购买意图产生到购买达成的动态全过程。让我们意识到,互联网时代营销发展的趋势是由粗放型的流量运营方式逐步转变为以消费者意图识别为起点、以数字消费者画像为基础、基于消费者决策路径的营销方式。

定位理论

在我看来，所有西方的广告营销理论中，影响最为深远的莫过于定位理论，说它是广告营销界的"圣经"也不为过。

这一理论由美国营销专家艾·里斯与杰克·特劳特创立于20世纪70年代。其要义是：定位不是你对产品要做的事，定位是你对预期客户要做的事。你要在预期客户的头脑里给产品定位，确保产品在预期客户头脑里占据一个真正有价值的地位，使品牌成为某个类别或某种特性的代表。当消费者产生相关需求时，便会将定位品牌作为首选。

定位理论之所以影响深远，是因为它不仅适用于营销和广告行业，而且能够指导人们的工作和生活。

西方营销广告理论层出不穷的原因，是他们坚信："命运"是可以改变的！

从系统思维出发的营销新观念

面对林林总总的西方广告营销理论，尤其是"4P""4C"这样截然不同的理论，人们在运用过程中多少会有些困惑。

我认为，这些理论有点像西医，有很强的针对性，但大多解决的是一定范围内的问题，甚至是"局部"问题。根据多年的实践经验，我提出了一个系统解决相关问题的简约方法，其主旨就是"命运待定""命运可以被改变""命运如何被改变"：

"定位决定命运，策划改变命运，传播影响命运。"

这个基于"命运待定"进而"改变命运"的解决问题的系统思维理念，被一些同人戏称为"阿正语录"。

我的"定位决定命运"理念基本出自定位理论。里斯和特劳特将定位理论上升到战略的高度，强调定位即战略。但对于很多战略既定的企业而言，调整战略往往意味着伤筋动骨，甚至是一种全盘的赌博。

我的系统思维，则从我国的实际情况出发，在认同定位即战略的基础上，为企业的改良和优化提供了更多的机会与可能。

将"定位"分解为"现状定位"和"目标定位"。对"现状定位"要冷酷无情，大刀阔斧，剥离所有虚胖的"优势"，直至找到具有唯一性的特质——核心竞争力。对"目标定位"要想象无穷，上下求索，最后回归本源，确立"基于核心竞争力的目标定位"。

将策划的天马行空，规范为"上下五千年，纵横八万里"的系统求索；将"讲故事"的情节编织，回归到对文化、历史、地域、风物的本源追索与深度解读；将宏大叙事，夯实为政策解析、数据模型、行为分析、竞品解构。最后以系统思维，在新的定位上，通过策划创意重塑并强化核心竞争力，并制定以最优路径实现定位目标的战略战术。

将传播的"例行公事"，提升为实现定位目标的全程战略；将项目实施完成时的"配套传播"，提升为与新定位确立同步的传播点设计、传播策略制定、传播媒介选择、传播实施统筹、传播实效评估、危机事件处理。这让传播真正成了"影响命运"的重要因素。

"定位决定命运"：强调对现状的解析、实力的细分、差异化的解构，并以此为基础确立愿景与目标。可以说，这个过程的深刻与否，决定了事物、人物、产品、品牌、景区、城市甚至国家的命运。

"策划改变命运"：旨在以定位的实现为目标，通过数据分析、资源整合、创意策划，实现无中生有、以小博大、点石成金、四两拨千斤。以最小的代价、最优的路径、最佳的效果实现定位目标。

"传播影响命运"：再好的定位、再惊艳的策划，实施过程都需要传播的助力。传播是一项全程的工作，是深刻影响命运的工作。古人云："锦衣夜行，谁知之者！"唯有聚光灯下的行为，才能吸引世人的视线，实现眼球聚焦与品牌提升。

基于系统思维，我创立了以"争第一、做唯一"为目标的"阿正极端策划"理念。简言之，就是运用"定位决定命运，策划改变命运，传播影响命运"这一系统思维，将品牌或事件推到极致，围绕核心竞争力构建全新的系统，实现"争第一、做唯一"的战略目标：

通过定位分析发现并确定核心竞争力；

通过策划创意重塑并强化核心竞争力；

通过传播设计聚焦并推广核心竞争力。

系统思维的基础：命运待定论

在中华优秀传统文化中，"天注定"是最具广泛认知的理念。每当面临命运的困境，无助的人往往就会喊"天哪""老天爷啊"。它体现了农耕社会世人对命运的朴素认知与无奈遵从。

在中华优秀传统文化中，"一命二运三风水，四积阴德五读书，六名七相八敬神，九交贵人十养生，十一择业与择偶，十二趋吉与避凶"的传统观念，对"天注定"进行了修正，认同命运不可抗争的同时，强调了积德行善的价值及读书求功名等主观努力的作用。

"三分天注定，七分靠打拼！"随着歌曲《爱拼才会赢》的传唱，闽南文化中"爱拼敢赢"的命运观同样广为人知。它更多体现了人们对命运的不屈抗争与不懈努力。

那么，命运到底是"注定"还是"待定"？

对"命运"最具抗争力、最具不屈精神的，或许当数创业者和咨询营销广告业者，因为他们的人生使命就是"改变命运"，在激烈竞争的市场中搏出一番天地。他们是一群最不相信"命运注定"的人，他们往往能在困顿的局面中，显示出勇气、理性和智慧的强大力量。

基于以上认知，我在广泛涉猎西方的营销理念之后，提出了"命运待定论"。

所以，在我的眼里，命运永远不是"注定"而是"待定"，只要敢想、能为，一切皆有可能！

"命运待定论"为世人提供了巨大的想象空间，也成为人们不屈服于命运、运用智慧改变命运的契机。而过往那些坚信命运是待定的，通过"定位"得以改变命运的，则让世人永远牢记，如人物形象定位：喜剧之王——卓别林，功夫巨星——李小龙，高贵优雅的天使——奥黛丽·赫本……城市形象定位：浪漫之都——巴黎，时尚之都——米兰，金融之都——纽约……民族形象定位：马背上的民族——蒙古族，战斗民族——俄罗斯族……

在国家定位方面，最典型的就是美国，它用200年时间为自己打造了"自由民主"的国家形象——尽管近年有点名不副实。

2013年，特劳特先生访华期间，给中国做过一个定位——现代化古国。简简单单的5个字,将在历史中前进的中国特质进行了高度的凝练,呈现了中国区别于其他大国的核心与根本。

中国神话的另一种解读

中华民族的命运观,证明了这个民族坚信"命运"是待定的,不是不可改变的。

神话是一个民族的历史载体与文化源泉,也是民族精神的折射。所以,通过中国古代的神话传说,就能感受到中华民族的历史、文化、信仰与信念,从而了解中华民族的命运观。

中国古代的神话传说,有盘古创世、女娲补天造人、后羿射日、夸父逐日、精卫填海等上古神话,观音得道、八仙过海、妈祖传说等宗教神话,天仙配、白蛇传、牛郎织女等民间神话,哪吒闹海、封神榜、宝莲灯等文学神话。

古代生产力水平低下,人类对自然的认知有限,无法科学地解释世界起源、自然现象及社会生活的矛盾、变化,于是借助幻想,把自然力拟人化、神化,便逐渐产生了神话。神话往往表现了古代人民对自然力的认知、抗争和对理想的追求。

| 第一部分　定位决定命运　　　　　　　　　　　　　　　　　　　13

中国神话故事的内核：中华民族的特征——通过斗争掌握自己命运的不服输精神。

假如有一座山挡在你的门前，你是选择搬家还是挖隧道？显而易见，搬家是最好的选择。然而在中国的故事里，他们却把山搬开了！这就是中国妇孺皆知的"愚公移山"的故事！

每个国家都有太阳神的传说，在部落时代，太阳神有着绝对的权威。纵览所有太阳神的神话，你会发现，只有中国人的神话里有敢于挑战太阳神的故事：有一个人因为太阳太热，就去追太阳，想把太阳摘下来。当然，最后他累死了！也许有人会嘲笑这个人不自量力，那正证明了笑话他的人没有挑战困难的意识。但是在中国的神话里，人们把他当作英雄来传颂，因为他敢于不惜生命，与看起来难以战胜的力量做斗争。在另一个关于太阳的神话故事——后羿射日里，太阳终于被射下来了，中国人的祖先用这样的故事告诉后代：可以输，但不能屈服！

"一个女孩被大海淹死了，她化作一只鸟复活，想要把海填平，这就是抗争！"——精卫填海。

"一个人因为挑战天帝的神威被砍下了头颅，可他没死，而是挥舞着斧子继续斗争！"——刑天。

神话的背后，折射的是信仰与信念，我们的祖先从不把生存的希望寄托于神的眷顾！中华民族从不屈服于命运的"摆布"，中华民族几千年来是靠着不断与

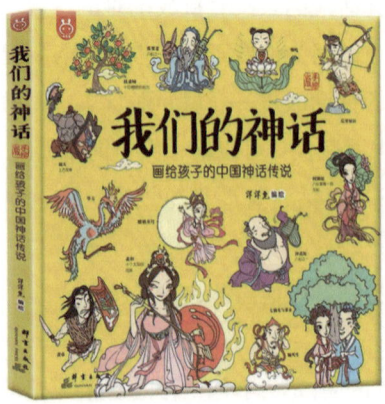
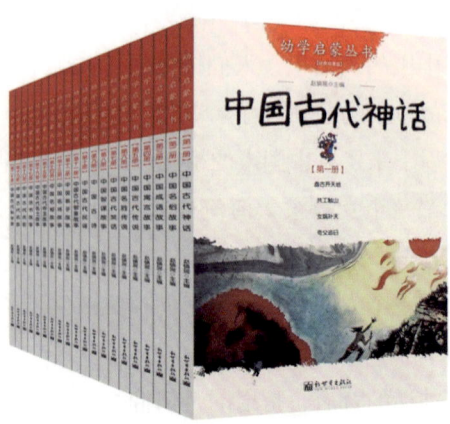

自然、灾难、环境做斗争才延续到现在的。勇于抗争，不怕输，更不会服输，这就是中华民族神话传说背后蕴含的民族精神，是中华民族的信仰与信念，是中华民族生生不息的根本原因。

我的"定位决定命运"理念的提出，就是以"命运待定论"为前提，以中华民族从不屈服于命运的精神特征为支撑的。

如前所说，阅读《定位》之前，我已从事图书出版工作、出版理论研究10多年，有很多首创、唯一性、差异化的成果。这些与《定位》基本相似的思考与实践，不但让我对《定位》的作者里斯、特劳特敬佩不已，而且在内心还产生了一种奇妙、亲切、殊途同归的共鸣。

第二章

全球首次人文学者南极行：
"现状定位＋目标定位"的巧妙运用

2000年，我从福建移师北京，不久策划了"全球首次人文学者南极行"，担任总策划兼领队，率著名哲学家周国平、历史学家葛剑雄、环境伦理学家何怀宏及新华社记者唐师曾、中央电视台主持人邵滨鸿等，奔赴南极，进行了为期58天的极地考察。这个被誉为"一个伟大的创意"的行动，产生了极大的影响，饮誉一时。

这个在无数人眼中遥不可及、难以成真的"南极行"之梦是如何实现的呢？这还要从1999年的一天说起。

在人类最后的"诺亚方舟"上，中国不能"叨陪末座"！

1999年，我还在出版社做图书编辑。一天，厦门电视台记者王海青找到我所在的出版社，指名要我为他写的书担任编辑。原来他也毕业于厦门大学历史系，是我的小师弟。他去了南极，并创作了《极端体验——南极153天》。看完书稿我才知道，这位鹭岛名记为了去南极，居然"屈尊"顶替维护南极考察站设施的厦门工程机械公司的名额，以油漆技工身份远征南极，白天刷油漆、拍电视，晚上坚持写作，十分了不起。

图书出版前夕，海青师弟为我引见了国家海洋局极地考察办公室主任、首席科学家陈立奇先生。我终于见到了中国极地事务的"一线掌门人"!

陈立奇先生1991年任国家海洋局第三海洋研究所副所长,1994年任国家海洋局极地考察办公室主任。数十年间,他一直工作在海洋化学科学工程技术的前沿,先后组织实施了我国南极考察"一船两站"工程建设"九五"计划和中国首次北极科学考察计划,主持和实施国家攻关项目、国家科技专项、国家社会公益项目、国家自然科学重点基金项目等,是中国极地领域最具影响力的领导者和科学家之一。与陈立奇先生交流后,他的家国情怀让我深受感动,从此,南极让我魂牵梦萦。

陈立奇先生(本人供图)

南极洲是世界上唯一不属于任何国家、没有定居人口的大陆,总面积约1400万平方公里。18世纪后期,英国、俄国、法国、美国等国家的探险队开始陆续出现在南极洲海域。20世纪上半叶,也就是1917—1946年,英国、新西兰、澳大利亚、法国、挪威、智利、阿根廷7个国家,先后以"先发现"或"先占领"为由,"宣告"它们对南极洲领土的"主权"。

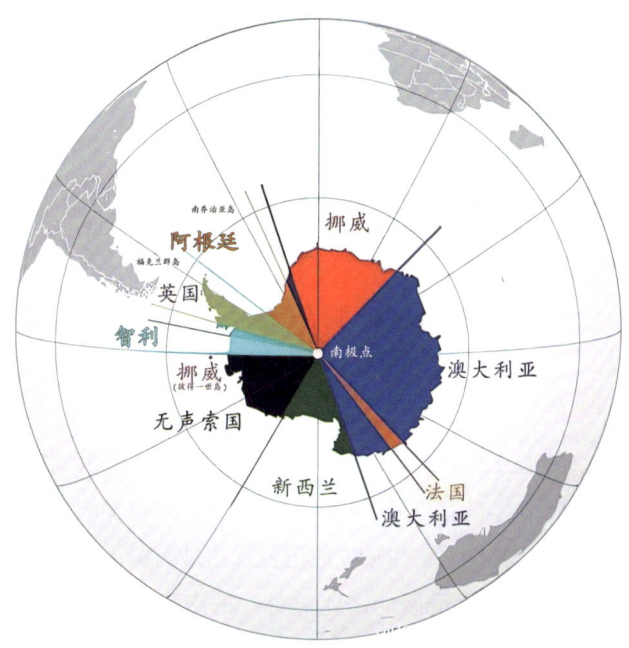

南极曾被"瓜分"殆尽

广袤的南极洲，被拥有"硬实力"的西方国家"瓜分"殆尽！为什么？

因为南极洲拥有地球上72%的淡水资源，因其盛产南极磷虾而被称为"世界蛋白质仓库"，被视为未来可能拯救人类的"诺亚方舟"。到20世纪80年代初，已有18个国家在南极洲建立了40多个常年科学考察基地和100多个夏季站。而在这块"兵家必争"之地上，却没有中国的身影。作为联合国安理会常任理事国，作为一个拥有世界1/4人口的大国，这样的局面令人汗颜！

中国航海技术曾经领先世界，但中国人从未用它来扩张殖民地。当20世纪80年代初中国人意识到南极的重要性时，积贫积弱数百年的中国，却因缺乏"硬实力"而望洋兴叹！

1983年9月，中国首次正式派代表团参加在澳大利亚举行的第12次《南极条约》协商会议。但是，中国当时只具有缔约国地位，不具有协商国地位，在南极问题上没有表决权和决策权。眼见保加利亚、秘鲁、捷克斯洛伐克、罗马尼亚、乌拉圭、巴布亚新几内亚等国家的代表进入会议室与"西方列强"一道闭门商讨决定南极的未来，被拒之门外的中国代表团的科学家们，用"饮恨堪培拉"记下了那无奈甚至屈辱的一刻。时任国家南极考察委员会办公室主任的郭琨发誓："不在南极建成我国自己的考察站，今后我再也不参加这样的会议！"

加入《南极条约》后，中国急起直追，1985年2月正式建立了第一个南极科学考察站——长城站，1989年2月建立了第二个南极科学考察站——中山站。一批优秀的科学家，将他们的一生都献给了中国的南极事业。

深入了解了南极的历史后，南极在我心里更加挥之不去："去趟南极"的一己之愿有了很大的升华，我一方面被科学家们的精神深深打动，另一方面开始苦苦思索如何以文化的力量助力中国南极事业。

我首先对中国南极事业的现状进行了定位分析：全面落后，刚开始全力追赶。

接着是目标定位分析：

中国改革开放以来各项事业的长足发展，要求中国在南极领域有所突破；

国家在南极领域奋起直追的宏观战略，需要分解成众多的战术动作；

历史上只有探险家、科学家和极少数记者到达过南极；

被欧美国家视为"人类最后的诺亚方舟"的南极，仅靠科学探索是远远不够的；

人类需要对影响南极未来的许多重大问题进行超越科学探索的多学科思考。

如何打造一次与中国国家形象匹配的南极行动？必须大胆创新，想前人之未曾想，想他人之不敢想！

经过夜以继日的思索，基于历史上只有探险家、科学家和极少数记者到达过南极的事实，我提出了"人文学者考察南极"的设想：突破历史局限，策划组织人文学者对南极进行"全球首次"考察、对南极关系人类未来的重大问题进行多个人文学科的思考，形成在世界南极考察历史上独树一帜的创新。

1999年末，当我将这个想法与几位我预选的著名学者进行沟通时，他们虽都跃跃欲试，但心里却根本不相信这个想法能够实现。

哲学家周国平在后来的文章中说道："5个月前，如果有人在街上拦住我说你将去南极，我会认为这是一个很不高明的巫师，因为那是个肯定不能兑现的预测。但后来那个巫师出现了，他叫阿正，他说要带我们去南极，他很不经意地说，大家都觉得机会实在难得，都说要去，但是谁也不相信这个事能办成。可是，几个月后，大家就接到阿正的电话：到北京来，登记、检查身体、签生死状，去南极。大家都觉得不可思议，可是真去成了。"

而当我将这个异想天开的想法向陈立奇先生汇报时，当即得到他的极大肯定和支持——作为极地科考队首席科学家，他对极地事业的思考早已远远超出科研的范畴。他深具国际战略眼光，他认为，组织我国著名人文学者考察南极，是国际首创，将吸引公众关注国家南极事业，在国际上产生极大的影响。在他的鼓励和支持下，我开始运筹推进。

（阿正供图）

由于我当时还在出版社工作，便向中宣部出版局领导张小影女士做了汇报。她高度赞赏，称"这是一个伟大的创意"，并亲自前往国家海洋局极地办会见陈立奇主任，表达了她对这项计划的热忱支持。

2000年12月7日，我正式加入我国第17次南极科学考察队，受命担任"人文学者南极考察"的总策划兼领队，奔赴南极，实施了"全球首次人文学者南极行"。

将一个伟大的创意，变成一次全球首创的壮举

在南极的58天里，人文学者们对企鹅岛、冰盖、避难所、海豹聚居点、各海岸线及荒岛进行野外考察；对各国考察站科研设施及各国南极政策进行考察，并形成报告提交给国家有关部门；与各国考察队进行了多次国际交流；举办"全球首次南极申奥活动"，邀请9国科学家为北京申办2008年奥运会助力（活动签名旗帜已被国家博物馆收藏）；举办"首次南极国际钓鱼大赛"；发起南极海岸垃圾清捡活动，倡导"将一个干净的世界留给下个世纪"；联名致函时任联合国秘书长安南，呼吁维护世界和平、加强环境保护。

南极归来，人文学者们接受了中央电视台很多栏目的专访，以及各大报刊、网站的追踪采访，先后出版了3本书，发行了12集电视纪录片《去南极》，举办了近百场讲座，让这次南极行成为南极历史上传播最为广泛的一次活动。这无异于对公众进行了一次南极知识的全面普及，极大地强化了国人的南极意识，无论在国内还是国际上都引起了极大的反响。

（阿正供图）

"全球首次人文学者南极行"的成功策划和实施，是"定位决定命运"理念的首次成功应用。

首先是自我定位分析：中国在南极领域是后来者，与南极领域的"列强"比，多个方面都落于下风，但改革开放以来国家各项事业都呈现蒸蒸日上的面貌，在南极领域也有全力追赶的勇气和决心。

其次是目标定位分析：基于昂扬向上、奋力追赶的精神，大胆创新，在历史上只有探险家、科学家和极少数记者到达南极的背景下，确立组织人文学者对南极进行"全球首次"考察，对关系人类未来重大问题的南极进行多个人文学科的思考，形成在世界南极考察历史上独树一帜的创新。

精准的自我定位分析和独具创意的目标定位分析，决定了这一具有首创意义的活动必定能引发世界瞩目。当我们在南极与各国科学考察队进行交流时，多个国家都对此举高度关注。9个国家的科学家参加了我们组织的"全球首次南极申奥活动""首次南极国际钓鱼大赛"。"占据"南极企鹅岛的智利科考队（以军人为主），先是对我国派出人文学者的举动提出疑问，在了解了我们从人文角度思考到达南极的目的后，不但表示敬佩，还遗憾他们国家虽离南极最近，进入南极几十年，却没有想到这样的创意。

将一个异想天开的"伟大的创意"变成一次远征、一个创举，在助力国家南极事业的同时，我也获得了一份独特的生命体验，并因此改变了人生轨道。

第三章

冰穹A科考项目：
用"定位+价值重构"嫁接商业与情怀

南极冰穹A（DOME A）[①]——"人类不可接近之极"！

这片总面积达900平方公里的南极冰盖，不但矿藏极为丰富，而且是研究宇宙起源、暗物质、暗能量，探索人类生命起源，寻找系外行星等科学活动的极佳场域。

率先进入DOME A的国家，将拥有永久优先考察权。

国家海洋局极地考察办公室（以下简称"极地办"）为此准备了多年，科学家们摩拳擦掌，枕戈待旦，却因经费不足，计划一再后延。

2004年，极地办决定实施对南极内陆冰盖DOME A的考察，委托多家著名咨询策划机构进行项目策划，意图吸引企业出资襄助这一行动。但几经努力，各机构给出的方案与评估，与极地办的期望差距很大。极地办的领导给我打来电话说："你是参与过南极考察的老队员，了解南极，热爱南极事业，希望你能承担中国第21次南极考察队考察DOME A、寻找并确定南极冰盖最高点项目的总体策划，突破困境，给这个项目带来新的气象，助力实现国家壮举。"

[①] 南极内陆冰盖冰穹A（DOME A），是南极内陆冰盖海拔最高点，与南极极点、南极冰点、南极磁点一起，被视为南极科考的四大必争之点。在2005年以前，上述各点分别有美国建立的阿蒙森-斯科特站、俄罗斯建立的东方站和法国建立的迪蒙·迪维尔站，只有海拔4000多米的冰穹A是一个科考空白点。冰穹A因其恶劣的气候条件，被称为"人类不可接近之极"。——参见百度百科及央视新闻客户端

第一部分　定位决定命运

（夏立民供图）

我义不容辞，当即接受委托，全力投入项目策划工作。

首先，对项目现状进行定位分析：

DOME A为什么被称为"人类不可接近之极"？

中国科学考察队进入DOME A将面临什么挑战？

DOME A对中国南极事业意味着什么？

中国人为什么对DOME A志在必得？

接着，对项目进行目标定位分析：

如何定位DOME A考察的巨大价值？

如何通过定位创新，将中国第21次南极考察的价值完美地呈现出来？

如何向社会传递出DOME A考察的价值，并谋求尽可能大的关注与支持？

策划背景：不让"兵家必争之地"落入他国之手

南极洲是世界上唯一一块没有主权归属的处女地，各国对南极的巨大投入，既是为人类未来生存谋福祉，也是各国争夺未来南极权益的战略部署。在南极洲，全球有一条公认的原则：谁先到，谁就享有优先权。我国南极长城站的对面，就是企鹅岛，退潮时，甚至可以涉水到达。但由于企鹅岛是由智利考察队首先进入并有常驻队员的，所以即使是我们这样的"近邻"，也必须提前通报协调才能上岛。

DOME A是南极内陆一片广袤的冰原，是国际冰川学界公认的南极冰盖理想的深冰芯钻取地点，因此，它成了各国的必争之地。冰芯被称为"气候天书"，记录着百万年来地球气候变化的信息，在DOME A进行深冰芯钻探，有望取得地球几十万年来最完整的全球气候与环境变化的记录，获取南极冰芯学最难、最重要、最后的全球变化研究的"金钉子"。

（夏立民供图）

1991年，在德国不来梅召开的南极研究科学委员会（SCAR）第一次会议，提出了"国际横穿南极计划"。该计划按照网格的形式将南极冰盖划分为17条路线，每条路线由一支考察队负责。当计划的路线被各国"瓜分"得所剩无几时，代表中国与会的中国科学院研究员刘小汉和院士秦大河据理力争，争取到了"中山站—DOME A"考察路线，让中国人拥有了登上南极冰盖最高点的机会。

DOME A气候条件极其恶劣，被称为地球上的"人类不可接近之极"，但它又是独一无二的科学观测站，这个价值无疑对世界各国的科学家充满着"致命的诱惑"。

由于DOME A的考察耗资巨大，国家预算无法划拨足够的经费，因此对DOME A的考察一再后延，而2005年是这项考察权的最后期限。欧美国家咄咄逼人，在一次国际会议上，他们提出由美国、德国、英国、法国、日本等提供经费，与中国联合考察DOME A。

国家极地办领导顶着巨大的压力，毫不松口，表示中国将如期完成考察。

但如何解决经费不足的问题？极地办希望有企业站出来支持这次不同寻常的科学考察，支持科学家去完成国家使命，不让这块"兵家必争之地"落入他国之手！

跳出原有思维，重构项目价值

如何说服企业为国分忧？如何让企业从大型国家活动中合理受益？中国的第21次南极考察能有多大的新闻价值以回馈企业？

要弄清楚这些问题，首要的仍然是定位。DOME A是南极冰盖最高点，是各国必争之地。但对中国而言，这将是第21次南极考察——当一项工作进行了20年，它几乎就像是一次"例行公事"，注定波澜不惊！

项目核心卖点的挖掘，成为关键！创意，决定项目价值！

如何让"这一次"成为新闻焦点，成为世界级话题？

似乎没有人相信它有这样的可能。

策划改变命运，就是要突破常规思维，打破"不可能"的定式，寻求精准的项目定位，重塑项目，让它熠熠生辉！

经过几十个日夜的思索，通过与科学家的多轮沟通，我们决定跳出"中国第21次南极考察"的思维，立足全球视野，重构南极战略要点的价值体系，凸显DOME A的战略价值，赋予项目全新的定位！

我注意到南极最具特色、最有战略意义的几个考察站：

1956年，法国在南极磁点（东经139°24'、南纬65°36'）建立了迪蒙·迪维尔站。

1957年，无数先驱以生命为代价到达的南极极点，被美国人占据，建立了阿蒙森–斯科特站。

1957年，苏联在南极冰点建立了东方站。1983年7月21日，这里实测到世界上最低温度：–89.2℃，由此被称为南极的"寒极"。

美国、俄罗斯、法国，这些世界上最强大的国家已先声夺人，占据了南极各个战略要点：南极极点、南极冰点、南极磁点。而南极冰盖最高点DOME A无疑是南极的最后一个战略要点！

将DOME A定位为"南极最后一个战略要点"，瞬间提升了这次考察的价值。这个异想天开的定位策划，自此成为被国际南极领域甚至国际社会广泛接受的关于DOME A的标准定位。

让价值成为公众话题

那么，如何让这样的价值成为公众话题？

2004年9月，我在经历了无数个不眠之夜后，大胆创新，形成一个足以牵动国人视线，并将引发全球关注的传播定位。

DOME A：人类在南极的最后一个梦想！

这个定位创意，获得了国家极地办主任曲探宙、书记魏文良的高度认可！

我在策划报告里充满激情地写道："中国12勇士，留下遗嘱，征程万里，为国效命！他们将代表全世界，去实现人类在南极的最后一个梦想！"这个创意性定位，瞬间提升了这次考察的价值，令人热血沸腾！

（夏立民供图）

这份激情深深打动了中国石油天然气股份有限公司润滑油分公司的领导,他们慷慨捐资1542万元,助力国家行动!这是新中国成立以来,极地办收到的最大一笔捐助,金额超过我国实施极地科学考察20年来获得赞助的总和。

这张1542万元支票的获得,还有个小插曲:与中国石油天然气股份有限公司润滑油分公司达成赞助1500万元的协议后,我才知道开发票要纳税。这样,极地办能使用的资金就不足1500万元了。我着急地联系企业财务主管,他听后哈哈大笑,说:"你真是个书生,居然不知道开发票要纳税!"他爽快地说:"这样吧,你也长个记性,税额我们给你承担一半吧!"这就有了"1542万元"这张有零头的支票。

2004年10月25日,中国派出一支最精锐的科学家队伍,远征南极,抢在各大强国行动之前,冒着生命危险进入这一地区。

2005年1月9日,考察队成功到达南极冰穹A(DOME A)区域。北京时间18日凌晨3点16分,考察队队长、著名极地科学家李院生站在冰穹之巅,向世界高声宣布:"这里就是南极冰盖最高点!"——南纬80°22'00",东经77°21'11",海拔4093米。勇士们将13个昆仑润滑油的油桶垒成4层,正上方,一面鲜艳的五星红旗迎风招展。13个油桶上面,依次写着13位科考队员的名字:李院生、效存德、徐霞兴、侯书贵、张永亮、孙波、陈有利、张胜凯、崔鹏惠、盖军衔、陈晓夏、童鹤翔、李亚纬,背景则是南极冰盖最高点。"五星红旗升起的时候,我们全体队员面向北方,面向祖国的方向齐齐下跪。"李院生说,那一刻,他们所有人都流泪了。在北京的我们通过海事卫星电话与13位科考队员直线联系,听到喜讯时也泪流满面。

(夏立民供图)

历时150天、总行程3078公里，中国第21次南极科考队历尽艰辛，完成了26项成果，创造了多项南极考察史上的"第一"：第一次在南极成功布放冰上浮标；第一次在长城站到中山站的航渡过程中进行浮游动物垂直拖网；第一次在西风带作业。最重要的是，考察队成功到达南极冰盖最高点——DOME A地区，完成了人类第一次从地面进入DOME A的壮举并测定了冰盖最高点，获取了大量的考察数据，全球为之震撼！

这个项目的巨大成功，使中国获得了南极DOME A区域900平方公里的"考察优先权"，为我国研究宇宙的起源、暗物质、暗能量等，探索人类生命的起源，寻找系外行星等提供了宝贵的机会。

无论从哪个角度看，这次策划都获得了巨大的成功。

国家行动佐证：随着人类首次进入南极内陆冰盖最高点DOME A的成功，2009年1月27日，我国在南极"冰盖之巅"成功建立了昆仑站。中国终于跻身极地考察"第一方阵"，成为继美国、俄罗斯、日本、法国、意大利、德国之后，在南极内陆建站的第7个国家！

传播效益佐证：CCTV派出两名年轻记者，进行了长达160天的央视历史上最长时间的直播报道，引发全球瞩目。

品牌价值佐证：年收益仅80亿元的昆仑润滑油标志，不久成为年收益2000多亿元的中国石油集团标志，中国石油品牌完美更新。

商业运营佐证：我们向极地办转交了一张来自昆仑润滑油公司的巨额支票。

项目延伸：为中国南极第三个科考站昆仑站命名

与此同时，极地办召开南极第三个科考站命名的专家会议。会上，我以事前准备的提纲为依据，全面陈述观点——以"昆仑"命名南极DOME A考察站！

会后，受极地办领导委托，我撰写了命名策划报告，全面陈述理由。

（1）DOME A是南极内陆最高峰，在地理学的意义上，与昆仑山高度吻合。

（2）南极是世界的一个独特舞台，一个国家在南极设立的机构，就代表了这个国家。这个机构的实力、地位、形象，就代表了该国家的实力、地位、形象。昆仑代表的，就是中国文化和中华民族精神。

（3）历史悠久，易记，尽人皆知。昆仑具有大写意的特征，有图腾的味道，具有象征性。

(夏立民供图)

（4）KUNLUN，音好读，标志好设计。

（5）与中国现有的几个科考站名称的风格相近，可以成为一个系列，但又有所差异：它是自然景观，与北极的黄河站呼应，而与同在南极的长城、中山两站有差异。

我进一步论述：昆仑山是可以作为中国的自然之宗、文化之源、宗教之源、思想之源、艺术之源来被认识的，以"昆仑"命名，在文化意义上是坚实的、厚重的。

以"昆仑"命名的字源意义

昆仑即昆仑山。昆仑山在新疆与西藏之间，西接帕米尔高原，东延入青海境内，地势高峻，多雪峰、冰川，最高峰海拔7719米。古代神话传说记载，昆仑山上有瑶池、阆苑、增城、县圃等仙境。从很多历史典籍中可以看到，古人一直尊昆仑山为"万山之宗""龙山"。

以"昆仑"命名的地理意义

在19世纪中叶珠穆朗玛峰被确认为世界最高峰之前，甚至在20世纪相当长的一段时期内，中国人还是习惯把昆仑山视为最高峰的。也就是说，千百年来，昆仑山一直是中国人心里的最高峰。

昆仑山是华夏万山之宗、河岳之根。早期民间就流传着黄河发源于昆仑山的传说。《山海经·海内西经》说："海内昆仑之虚在西北，帝之下都……河水出东北隅，以行其北，西南又入渤海……"屈原的《九歌·河伯》说河伯（黄河之神）带着他的女伴："登昆仑兮四望，心飞扬兮浩荡。"钱澄之解释说："昆仑，河所出也，登之四望，而飞扬浩荡。"

以"昆仑"命名的艺术意义

从文化的角度说，昆仑山在中国文化里一直是"制高点"的象征，是"中华"的象征。昆仑文化是民族文化的活化石，它的基本特征是创造性、多元性、开放性、衍射性和凝聚性。

中国历代文学家为它编织出了许多美丽动人的神话传说，如《嫦娥奔月》《西游记》《白蛇传》等都与昆仑山有关。昆仑山是中华民族神话传说的摇篮。

以"昆仑"命名的宗教意义

从宗教的角度说，昆仑山一直被视为"中国第一神山"。《山海经》记载的早期昆仑神话，是原始宗教的载体。

中华始祖黄帝就与昆仑同源。黄帝与昆仑神话的起源地均在中国西北。黄帝在神话中是兼具太阳神与土地神神格的创世大神；昆仑在神话中被看成微缩宇宙，又兼为父性崇拜与母性崇拜的圣地。两者都源于生殖崇拜观念。金文中，一个代表着两性同体含义的神秘符号，即是两者同源最直接的证明。尽管黄帝、昆仑经历了后世的种种演变，但其基本含义却不离创世与生殖。

昆仑与道教的关联也很深厚，在此不再赘述。

以"昆仑"命名的政治文化意义

以作为中华民族文化和精神象征的"昆仑"命名南极第三个科考站，无疑具有深远的政治文化意义。毛泽东的《念奴娇·昆仑》就是关于昆仑的名篇。

总之，"昆仑"在中华文化中，具有不可替代的精神价值及高度。

命名报告经有关部门上报，2009年10月16日获国务院批准，南极DOME A科考站被正式命名为"中国南极昆仑站"。

虽然这个命名的立意，与中国石油天然气股份有限公司润滑油分公司并没有直接关系，但我心里，永远记住了这家企业助力国家行动的伟大贡献！

让我们再次回溯一下中国在南极领域的科学考察进程，并向极地科学工作者致敬：

1985年2月20日，中国南极长城站正式落成。中国人终于有了自己的南极考察站！

1989年2月26日，中国人又在南纬69°22′、东经76°22′处建立了自己的第二个南极考察站——中山站。

2009年1月27日，中国人在南极"冰盖之巅"成功建立了昆仑站。

2014年2月8日，中国南极泰山站建成开站。

2024年2月7日，中国第五个南极考察站——秦岭站开站。

经过中国极地科学工作者近40年的不懈努力，中国在南极建立起了自己的科学考察站体系，成为国际南极考察领域最重要的国家之一。

第四章

南极格罗夫群峰命名：
中华优秀传统文化与定位的融合

在5200万平方公里的南极大陆上，只有1400万平方公里是陆地，而其中93%的面积被冰盖覆盖。只有极少数没有被完全覆盖的山脉峰峦凸露于冰盖之上，格罗夫山就是其中之一。格罗夫山是64座冰原岛峰的总称，地处东南极内陆冰盖伊丽莎白公主地腹地，位于中国南极中山站和昆仑站之间。

（夏立民供图）

格罗夫山长期以来是南极科考的一处空白，因为它危机四伏。有人曾这样描述：在格罗夫山，你向任何一个方向跨出一步，都可能是人类的第一步，也可能是自己的最后一步！

1958年，澳大利亚皇家空军格罗夫（Grove）少校首次在那里着陆，因此这片区域被澳大利亚南极地名委员会以他的姓氏命名。巧的是,英文"Grove"意即"小树林",而从天空俯瞰,这片3200平方公里的区域被蓝冰铺盖,冰山起伏、岛峰凸现,恰似一片森林,被誉为南极大陆最壮美的地方。这片南极冰盖的"森林"里,隐藏着无数关于全球地质变迁、气候变化、行星运行的远古秘密。

(夏立民供图)

1998年,中国第15次南极考察队格罗夫山考察队在蓝冰区发现并回收了4块陨石。2003年,中国第19次南极考察队采集陨石达4448块,使中国的南极陨石拥有量一举跃居世界第三。2006年,中国第22次南极考察期间,又采集到5354块陨石,总重量达62公斤。截至目前,中国南极陨石拥有量已达12665块,继续稳居继日本和美国之后的世界第三位。此外,2003年,中国考察队对格罗夫山地区进行了人类历史上首次大范围全面遥感测图,绘制了1∶100000的遥感图。2014年,中国在伊丽莎白公主地区域建立了中国南极泰山站。

用中文命名"新大陆"

2003年,当中国南极陨石拥有量位居世界第三,并首次绘制了格罗夫山地区1∶100000的遥感图后,极地办便开始谋划如何彰显这一伟大成就。我有幸承担了这一光荣任务。

世界历史上所有新大陆被发现后,大多以发现者的名字或国王、伟人、资助人的名字命名。格罗夫山正是因为格罗夫少校首次在那里着陆而得名。而由于中国是南极领域的迟到者,打开南极各种地图,能见到英文、法文、德文、俄文、日文等各种文字，唯独没有中文。鉴于此，我认为，以中文命名地图绘制的方式，不但符合国际惯例，还最能彰显中华民族的文化与精神，最具标志性意义。

那么，以怎样的中文命名最能彰显这一伟大成就呢？

要弄清楚这些问题，首先是对项目现状进行定位分析：

南极历史上的所有地图，都是由西方国家绘制的。

南极的各种地图上，有英文、法文、俄文……但从未出现过中文。

其次是目标定位分析：

为南极格罗夫群峰进行中文命名，是一件开天辟地的事，是中国人在南极领域急起直追，南极事业获得长足发展的象征。

为南极进行首次中文命名，必须体现中华文化，体现中华民族对人类文明的贡献。

怎样命名南极格罗夫群峰，才能体现中华民族对人类文明的贡献？

如何将南极格罗夫群峰的中文命名，策划为一场弘扬民族精神、增强民族文化自信的公众传播活动？

中国科考队员讲究集体荣誉，显然不宜以考察队队员的名字命名。那么能否以中国的山川、城市名命名呢？这种方式已被广泛运用，似乎也不具备创新意义。

经过反复思考，我提出以"代表中华民族精神与文化"作为格罗夫山地图命名原则的建议，获得国家海洋局极地办批准。随后，我策划并执行了"南极格罗夫群峰中华命名"活动。

以中国历史上的杰出人物来彰显中华民族对世界文明的贡献

在国家海洋局极地办的指导下，我们甄选并成功组建了专家团，由两岸院士、极地科学家及两岸著名人文学者于光远、刘小汉、余秋雨、陈立奇、阿正（郑俊琰）、南方朔、秦晖、龚鹏程、鄂栋臣（以姓氏笔画排名）9位成员组成南极格罗夫群峰中华命名活动评审专家团，以"谁来代表中国"为主题定位，依托新浪网发起"南极格罗夫群峰中华命名"全球征集活动。

中国是四大文明古国之一，对人类文明进程做出了重大的贡献。而为中华民族争光的是中国历史上那些杰出的人物，是那些能在世界上代表中国形象的科学家、思想家、政治家、军事家、文学家、艺术家。在全球华人的广泛参与下，经评审专家团最后评审，我们向国家有关部门提交了命名候选名单。其中科学家系列有：李冰、蔡伦、张衡、祖冲之、郦道元、贾思勰、孙思邈、毕昇、沈括、郭守敬、黄道婆、徐光启、徐霞客、宋应星、詹天佑、李四光、竺可桢、华罗庚、林巧稚、陈景润等。他们都是中华民族历史上为人类科学发展做出贡献的杰出代表。

若中国历史上的杰出人物成为南极格罗夫群峰的名字，中华民族对世界的伟大贡献将以独特的方式再次彰显。

我一直认为，对千百年来被视为人类"诺亚方舟"的南极来说，仅仅关注科学发现，是远远不够的！南极是一个足以涵盖人文思想、历史、哲学、文化和国家民族利益重大课题的场域。基于这样的认知，我有幸主持的多项南极领域的项目策划，不但使"定位决定命运"理念得到验证，也成就了将文化"软实力"打造为文化"硬实力"的经典案例。

（夏立民供图）

外一篇：杨锦麟和我的"南极极点"梦

完成关于南极的三项重大策划之后，南极依旧令我魂牵梦萦。我总是说：

去之前，南极是一个不可企及的梦；

去之后，南极是一个不愿醒来的梦。

杨锦麟先生同样"患"有这样的"后遗症"：他一直想再赴南极。

2021年4月是我们共同的母校厦门大学建校100周年。杨锦麟先生邀请我一起，计划在2020

年底至2021年初奔赴南极，直抵南极极点，共同为母校百年大庆做一场"极点对话"，并争取把校主陈嘉庚先生的铜像放在南极极点上，让"民族光辉"（毛泽东主席称陈嘉庚先生为"华侨旗帜，民族光辉"）照耀世界。

2019年夏，我开始按照杨锦麟先生的意愿，做出几稿策划方案。主题也逐步宏大：在南极极点上，对中华文化进行一场独特的对话，将北极的冰珠峰的冰永久地"融"于南极极点，倡导世界的共融与共荣。

这期间，杨锦麟先生应邀来京参加一个慈善活动，抽空约了陈雪根和我。席间，雪根师兄问他：极点高寒，条件恶劣，万一出现危险，您不担心？锦麟先生看了看我，说：若出意外，请阿正就地把我埋了！我大笑：我拼死也得把您的"遗体"扛回来啊，要不怎么向校友和您的万千粉丝交代！

他多次谈到"向死而生"，将死亡视为"最美丽的修行"。在南极、北极和大漠戈壁的行走中，他对生死作过深度思考。这让我想起竹林七贤之一刘伶的故事：刘伶嗜酒如命，放浪形骸，常乘鹿车，抱酒壶，命仆人提锄紧跟，说"若醉死，便埋我"。

一场"2020，极点出发——从共融到共荣"的南极极点高端对话与行为艺术全球直播，让我俩都激动起来。2020年12月18日，万事俱备之际，我俩以"给人生下半场一个MARK——两个书生将在南极极点开启人生第二阶"为题，正式发布了我们的计划。

但是，正所谓"谋事在人，成事在天"，当厦门大学前校长朱崇实先生给我寄来了校主陈嘉庚的铜像、厦大校旗，著名登山家、探路者董事长王静女士提供了全套极地装备，泸州三人炫酒业有限公司提供了赞助经费，腾讯视频准备建立直播专题……南极发生疫情了！

希望这个因疫情而流产的壮举，不是我们南极故事的"尾声"。

第五章

天作国际：一套楼书带来的巨量销售

在央视工作期间，我先后担任倪萍《聊天》节目总策划、12频道策划主管，并应邀参与了多个频道各类节目的策划，在电视赛道上有了些许积累。这期间，策划已在中国市场上成为一个热词。我也备受诱惑，几年后，我离开央视，和同事一道创办了阿正传播机构，陆续有客户就广告、咨询、文化传播等方面的业务来找我们进行策划，"定位决定命运"的理念在更大的范围里得到实践，并不断被市场验证。

两脚踏入商海，心里揣的却还是人文情怀，热衷于文化传播与"国家大事"。在央视不少栏目的制片人眼里，我还是那个常常在创意会上"总结陈词"的"阿正老师"；在商业机构面前，我直陈所思，毫无商业意识。半年下来，红包虽然没少，但业务总从手中滑过。一位朋友告诫我：收敛情怀，面向市场，先谋公司生存！

那时，正是地产行业最为红火的时期。但在我这一介书生的眼里，那就是一些"暴发户"干的没有什么文化含量的事。纠结良久，我只好直面生存问题，随着机缘的引领，涉入地产行业，从事营销策划。

入局一看，红红火火的地产营销，正值产品营销走到极致、发展商开始谋求文化加持的节点。但多数机构只是把文化当成标签张贴，商业和文化明显缺乏交融，较少能够在深度解析地脉文化的基础上，给项目基于全新定位的文化赋能。

看到这一点，我稍感安慰，若是遇到真诚地以文化赋能的发展商，或可两全？后来的事实证明，我以前对地产行业和地产发展商的看法，多属偏见。这以后，我时常告诫自己：市场自有它的规律，文化是在市场发展到一定阶段之后自然产生的需求。

"第二长安街"：定位错了，就一切都错了

十分庆幸的是，我遇到的第一个机会，给了我释放文化情怀的极大空间。

2006年的一天，青岛建设集团股份有限公司参与投资开发的北京天作国际项目的负责人给我打来电话，说是《北京青年报》一位记者推荐的，邀请我介入天作国际项目。一席交谈后，我意识到：他们遇到了"瓶颈"，亟须文化赋能。

就房地产项目而言，基于生活便利的地段、美观安全的建筑、空间优化的户型以及科技运用、性价比，都可以大致归为对物理属性的诉求。在这个层面上，发展商投资的多少决定了房地产项目市场价格的高低，其溢价空间完全受制于周边市场竞争的激烈程度。而基于生活氛围、情调品位、地段文脉、文化空间的诉求，则可归为精神属性的诉求。在这个层面上，发展商的策划咨询费投资不过是各项成本中最低的一项，但它可能带来的溢价空间及综合效益，则是物理层面不可比拟的。

天作国际项目位于北京中关村南大街，总建筑面积近10万平方米。发展商对这个地段核心价值的定位为"第二长安街"；目标客群定位为"上层人士"；业态定位为"居住生活、商务办公以及购物休闲娱乐"。我们团队应邀介入时，发展商正以刚性价值进行项目的展示，卖的就只是产品的物理价值。面对激烈的市场竞争，入市即遇冷。

经过调研，我们团队发现，项目以"第二长安街"作为地段价值定位，存在很大的问题：首先，长安街的形象主体是"政治""喧哗""车流如织"，绝不是"宜居"。其次，长安街长达十里（5000米），四面八方举步可达，公众没有理由要拐8个弯去找"第二长安街"。这样的定位，在北京自然没有任何吸引力可言。可见，定位错了，一切就都错了！

那么，究竟如何挖掘并呈现地段的价值呢？

中关村南大街是随着中关村科技属性的增强而诞生的"街区"，但科技这个点太窄，对大多数人同样缺乏足够的吸引力。

中关村南大街是北京市海淀区为了借势"中关村科技城"的品牌影响力,由"白颐路"更名而来的。北京的老百姓日常还习惯用"白颐路"这个名字。白颐路的历史可以追溯到清代,据《日下旧闻考》记载:"(西直)门外修治石道,西北至圆明园二十里(10000米)。每岁圣驾自宫诣园。"可以说,白颐路最早是一条皇家御道。

在历史的变迁中,白颐路又有"文化大道"之称,道路两侧密布着中国最著名的高等学府及文化、科研机构,比如中央民族大学、北京理工大学、解放军艺术学院、中国人民大学、北京大学、清华大学、中国科学院、国家图书馆等。这儿汇聚了中国最顶尖的人才和未来柱石,中国近现代史上所有有影响力的人物几乎都在这里留下过足迹。我们认为,这个角度才可能赋予项目地段价值的唯一性,产生独特而蓬勃的生命力。

新定位确立价值支点:"东方第一文化大道"

通过对白颐路历史文化的一系列钩沉和分析,我们从历史文化角度对项目地段价值进行了新的定位:"东方第一文化大道"。在众多营销材料中,最引人瞩目的,是一盒两册精致的楼书:《我们在场》《他们在场》。"在场"二字,来自项目建筑设计师的"空间在场主义"理念。《我们在场》是项目物理属性的呈现。《他们在场》则只字不提项目,而是选择了100年间在此流连过的100位影响中国历史的人物:严复、梁启超、李大钊、鲁迅、胡适、蔡元培、陈独秀、华罗庚、钱钟书、冯友兰、梁思成、顾准、林巧稚、杨振宁、吴晗、钱三强、李四光、吴良镛、张光斗、季羡林等,成功打造了"东方第一文化大道",赋予项目地段独一无二的价值,喻示"影响中国的人,都曾在这条路上流连",成功营造出"住在这里,一出门,就与深邃的灵魂相遇"的尊贵感,真正与项目的目标客群——"上层人士"心灵契合。

《他们在场》的前言,定位了这条路无与伦比的价值:

街道是历史的河床、文明的神经脉络,行走在街道上,其实是沉浮在流淌着的历史中。

不同的,只是有的街道是文明的动脉主干,有的街道则是历史的神经末梢。正如有的人能够创造历史,而有的人只能接受历史。

文明的每一次变革，最终总能归结到某一个区域、某一条街道、某一栋建筑、某一些人。

历史的风云，正是由这些少数先知先觉者掀动的，他们是时代的"在场者"。正如伦敦的牛津街孕育了西方近现代文明最精深的智慧，美国的"常春藤大学联盟"则代表当今国际最前沿的文化与科技。现代人类社会变革的火种，大都来自这里。那么，中国的"牛津街"在哪里?中国的"常春藤"又在哪里?

20世纪的中国遭遇数千年未有之大变局，内忧外患，饱受屈辱。然而，中国并没有就此衰亡，中国人也并没有放弃希望，相反，经过100多年的浴血奋战、变法图强，中国终于重新傲然站立起来。翻开中国百年历史地图，我们吃惊地发现:无论是精神的启蒙、文化的革新、政治的探索，还是科技的突破、艺术的重生，它们的种子大都萌芽于同一条街道，这条街道如同现代中国历史暗夜中的银河，那些深刻影响了中国历史进程的先知先觉们，如同闪亮的群星萃聚于此，熠熠生辉，照亮了这个古老民族曲折而艰辛的新生之路。

这条街道，这条银河般璀璨的、独一无二的街道，就是白颐路。

《他们在场》的后记，则传递出了充满人文情怀的遐思:

这就是白颐路。浓缩了100年，一部波澜壮阔的中国史诗。

阳光下，白颐路似乎和其他街道并无分别，但有路边的古树为证，它们清楚地记得，一百年春秋，这条街上曾经走过谁，曾经有过怎样的风云。

其中，一些星光也许只是白颐路上匆匆的过客，甚至没有时间驻足，但白颐路记得他们，中国记得他们。100年，白颐路不断改换着容颜，记录着时代变迁。

然而，变化的是历史进步的时代节奏，不变的是文化精神的中国旋律。

北大、清华、中国科学院……这些浓缩中国智慧的文化圣地依然故我，而新时代的经济文化新地标相继崛起，上演着白颐路吐故纳新、生生不息的历史传奇。

当我们来到白颐路，就像水滴融入百年历史河流的文化源头……

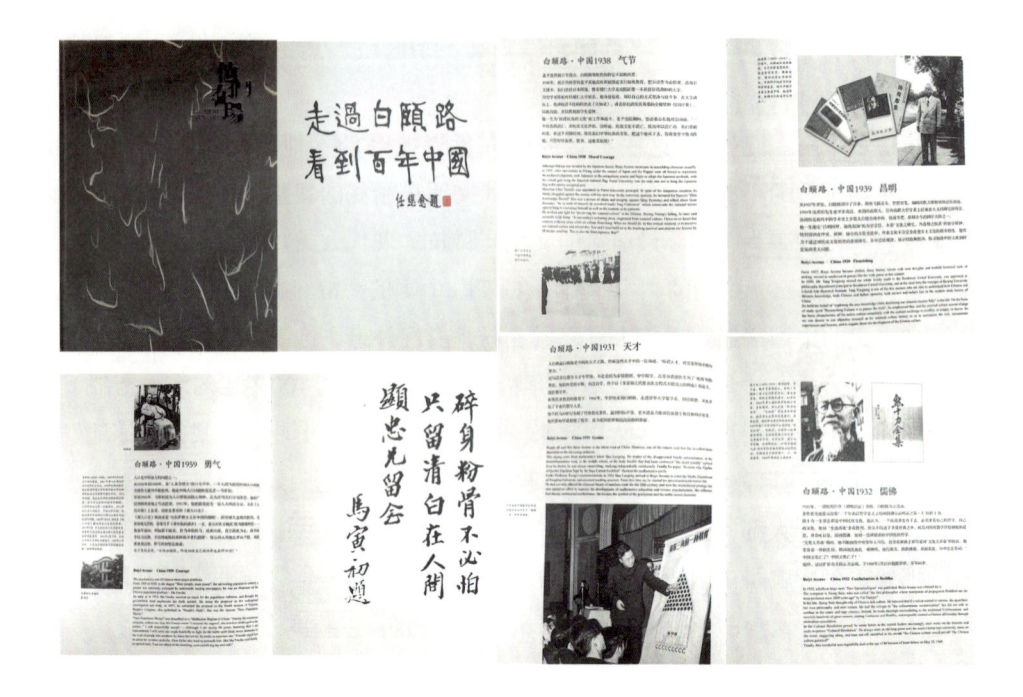

一套楼书营造独特精神空间：
与一百个改变中国历史的人物"撞个满怀"

从历史、人物、事件三个维度进行深度挖掘，奠定了与众不同的、超越物理层面的项目价值，令全盘一举售罄，发展商甚至发出"来不及涨价"的抱怨。

我们为天作国际重新进行文化定位并精心编写的楼书，在业界引起了巨大反响，甚至被一些开发商誉为"中国楼书终结版"。这套楼书还引起了《新京报》的极大兴趣，报社随即邀请我们辅导记者团队，补充采访白颐路上的各界人物，推出了16个版的报道，轰动一时。这16个版原是发展商订购的广告版，在我的建议下，只用了这16个版下方的一个通栏来放广告，其余80%的版面全部用来解读白颐路的历史和文化。事实证明，这样的安排实现了"以少胜多"的效果。

楼书营造的"与一百个改变中国历史的人物'撞个满怀'"的精神空间，成为天作国际超越众多项目、形成独特价值的点睛之笔。

在项目重新定位的思路确定后，为了在文化上更有把握，我以文言文的方式，致信著名国学大师、时任国家图书馆馆长任继愈先生，简单介绍了以100年

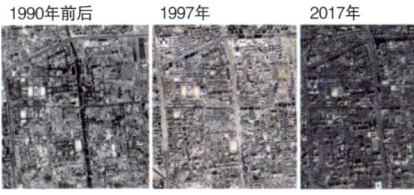

天作国际中心是位于北京中关村南大街的一个商业地产项目，总建筑面积近10万平方米，分为国际化品质写字楼、时尚商业、星级酒店式公寓三部分，定位为上层人士居住生活、商务办公以及购物休闲娱乐等场所，旨在打造全面的生活系统，从而树立"重要都市角色"。

中关村南大街是随着中关村科技属性的增强而诞生的"街区"，但科技这个点太窄，对大多数人同样缺乏足够的吸引力。通过对白颐路历史文化的一系列钩沉和分析，我们从历史文化角度对项目的地段价值进行了新的定位："东方第一文化大道"。

1990年前后　1997年　2017年

白颐路改造前后卫星图

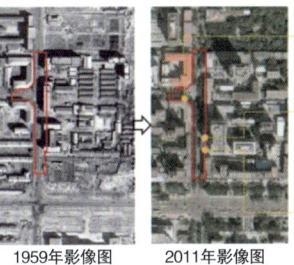

报亭挤占人行道

院内停车位占用人行道

绿化带挤占人行道

1959年影像图　2011年影像图
南礼士路扩建前后影像图，及其带来的诸多问题及现状
（图片来源：北京市规划院影像科资料+作者自绘，图中红色线框内为道路用地）

来影响中国历史的人物为背景，将白颐路打造成"东方第一文化大道"的思路。先生了解后十分高兴，欣然拿笔，题写了一幅墨宝："走过白颐路，看到百年中国"。这给了我们极大的鼓励。

天作国际的定位重构，开创了我们团队以"历史文化研究"确立项目地段价值定位的营销方法。文化赋能地产，首战告捷！

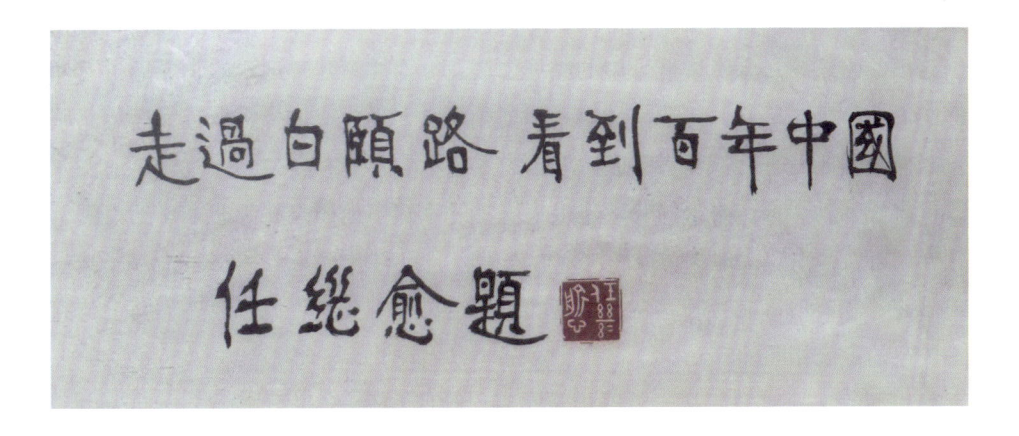

第六章

建邦华府：借势营销+跨界营销的成功案例

天作国际"文化赋能"首战告捷后，随之而来的是北京建工地产有限责任公司（简称"北京建工地产"）的建邦华府项目。我们为这个项目制定的定位策划，在某种意义上颠覆了北京"南贫北贱"的千年观念。

项目位于南三环赵公口长途汽车站对面。2006年，这里还十分杂乱，老北京"南贫北贱"的认知，使建邦华府项目的价值在区位地段上大为逊色。而区位地段，正是地产项目最核心的价值支撑点。

项目前期，多家大型营销咨询专业机构都被项目的区位地段局限难住了，他们给出的建议是：开发中低价位的经济型楼盘。而北京建工地产的领导们自有他们的商业敏感与雄心：打造南城第一个高端楼盘，形成南城标杆项目，满足南城1%的高端客群——南城新贵、成功人士的需求。

雄心勃勃、志在必得的北京建工集团（北京建工地产隶属于北京建工集团）领导，以及北京建工地产总经理沈荣可先生，向我们提出了几个问题：

建邦华府项目能否确立高端楼盘的市场定位？价位是否敢于走高，真正与高端住宅的定位相匹配？

户型的选择何去何从，是以相对实惠保险的70～150平方米中小户型为主，还是大胆采用大户型？

如何应对"南贫北贱"的区位劣势给高端楼盘销售推广带来的硬伤？

民间有传闻说项目所在地"贾家花园3号"是清代一个姓贾的太监的居所，

如何应对？

花同样的钱在项目以南几千米处便可以买别墅，如何吸引买房者选择在这里投资置业？

毫无疑问，这些都是项目需要直面的问题，是项目面临的巨大困境，它们可能在未来对项目构成最直接的市场风险。

现代营销是否有不可撼动的铁律

现代营销的第一原则：产品定位取决于营销环境。当产品定位与营销环境之间出现错位时，应当只能调整产品定位以服从、适应于营销环境。

此前介入项目的众多营销咨询机构都深知这一点，他们给出的建议是完全符合现代营销法则的。

但这是否真是不可撼动的铁律？

实践证明：这一原则只是常规思路和基本条件，在营销实战中，想象力和创造力才是更重要的制胜因素。合于法则又不受制于法则，才能缔造无法胜有法的营销传奇。

显然，要做好这个项目，就必须绕开"物理属性"——那些以区位为焦点的客观存在的"硬伤"，而从文化入手，寻求突破。我们决定对区位地段的历史文化进行调研与探究。

独辟蹊径，另类视角解读地块地名

夏日的一个周末，我去拜访央视CCTV-2频道的老领导宋朝彦先生。闲谈中提及建邦华府项目，他看了看地图，说："'赵公口'这个地名，可能与财神有关，你们应该研究一下。"宋老被称为央视的"活字典"，知识渊博，对道教文化很有研究。他的话为我们提供了一条很有价值的线索。我们立即从地名角度对"赵公口"进行了查考，发现全国以"赵公"命名的地方竟然仅此一处。

赵公是中华传统文化中的"财神"。财神的概念始于《封神榜》，可谓源远流长。财神在中国人心目中有着不可动摇的地位。北京南城的这个"赵公口"，究竟与财神有没有关联？查考的结果：此地真是因财神庙而得名！

据《乾隆京城全图》记载，全北京城共有财神庙10座。据我们推测，位于天坛正门永定门外赵公口的这一座，则是正宗的财神庙，故有"京城财源入口"之称。路旁悠闲晒着太阳的老人告诉我们，赵公口乃是财神入口，自古是进京必经之地。

俯视北京，西面、北面群山连绵，形成京城屏障，唯东南是进出北京的要道。由于大运河的式微，北京东面的交通功能大幅下降，进出京的官员，输送银粮的商行、镖局，买卖货物的商贾，大多要经过赵公口，赵公口成为人、财、货集散和流通的要地。南来北往的人们，在此处或打尖或住店的时候，都要在财神庙里恭恭敬敬地上香，拜神祈福，以求官运亨通、财源广进、一路平安，然后才能踏踏实实"进城"办事。

而后来在其附近兴建的山西会馆，普遍供奉财神。久而久之，这里就自然用财神的名字做了地名，慢慢演变成了如今的"赵公口"。因此，这里有了"财聚四海、富汇五湖"的佳誉。

历史上，北京城里有"福禄财寿吉"四块风水宝地，分别是赵公口（财）、保福寺（福寿）、万寿宫（禄）、象来街（吉）。赵公口占据财位之上，视之为富贵财源地是有历史支撑的。只是历史早已被尘埃覆盖，无人真正关注到这一价值。这一发现，对位处赵公口南侧的建邦华府项目，无疑是个极大的价值支撑。

深度挖掘地块历史，重塑项目价值

但是，项目所在地的具体地块，是赵公口南的"贾家花园3号"。民间关于它是贾姓太监居所的传闻，仍然需要拿出历史事实去澄清。只有厘清"贾家花园3号"的历史，找到有力的证据，才能澄清"传闻"，提升项目价值。

那时，我的公司虽然初创不久，但因我有着"央视著名策划"的虚名，北京师范大学（简称"北师大"）、中山大学的一些老师，把我的公司当成学生毕业实习基地之一。项目启动之初，正好北师大中文系3名硕士生前来实习。领头的班长林玮现在已是浙江大学的一名教授了！我把对"贾家花园3号"的考证作为他们的实习课题，辅导他们反复踩点、走访，并开了书目让他们查阅史籍。经过一番艰苦的考查与分析，我们终于确认：除了赵公口作为历史上北京财富入口的独特地段之外，建邦华府所在地——"贾家花园3号"更是大有来历，它当年居然是清代兵部尚书、太子太保贾汉复的府邸！

贾汉复（1605—1677），字胶侯，号静庵，山西曲沃人。隶正蓝旗汉军，曾任豫、陕两省巡抚，主持修纂两省通志，注重文事和教育，官至兵部尚书、太子太保。进一步查考还发现，贾汉复不但是名臣名将，还是位豪掷千金支持教育、创办学堂、扶弱济困的有识之士。

贾汉复的"兵部尚书、太子太保"这个官衔，超过了一般的"亲王"，几乎比聚集"西贵"之地的权贵阶层更"贵"。因他是山西人氏，其身边往来的"乡谊"大多是钱庄主——当年左右中国金融业的巨贾！因此，我们甚至可以说"贾家花园3号"贵比京西、富甲京东！

贾汉复的乡谊们进京后，必到"贾家花园3号"来"拜码头"。后来，他们为了就近联络，逐渐在附近建立了不少会馆。

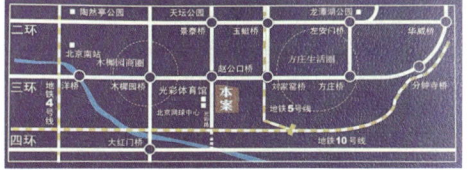

这一带的会馆里曾住过不少文人墨客，如林则徐住过福建莆阳会馆；曾国藩于道光三十年（1850年）居住于此；清代著名经学家洪亮吉于乾隆四十六年

（1781年）移此居住，他的人口论比马尔萨斯还早；而清末著名小说家吴趼人，即《二十年目睹之怪现状》的作者，就诞生在贾家花园。

2006年12月26日，《北京青年报》以《京城财源入口赵公口寻古》为题，对这一系列发现做了整版报道，引发极大关注。

全球征联，借势营销

一系列考证和发现，使项目所在地"贾家花园3号"最终构成"赵公财神、贾公尚书、晋商会馆"三大独特价值。我们据此提出了"擦亮一个门牌号"的营销思路：在北京数十万个"南贫"的门牌号中，聚焦并擦亮"贾家花园3号"这一个门牌号，将项目定位为"富贵地、如意宅"，令这个项目在南城众多楼盘中脱颖而出，一枝独秀。

如何才能"擦亮一个门牌号"？我们决定利用春节这个契机，以全球征联的方式，成就"富贵地、如意宅"的公众认知。

经过多次头脑风暴，"一字逾千金，只征半句联"方案出炉：

单纯的"征联"显然了无新意。我们几经思索，决定将历史上"征下联"的模式创新为"征半联"：只征下联的上半句——九个字，这九个字对应的就是项目的3个核心价值点。这不仅降低了难度，形成价值的聚焦传递，更让一个字的含金量超过了1000元：

入财神　居尚书　汇晋商　贾家花园溯本传承富贵吉祥地
□□□　□□□　□□□　建邦华府倾情筑就称心如意宅

"一字逾千金，只征半句联"开启了中国楹联史上"征半联"的先河，获得中国楹联学会众多专家的支持与好评，也激起了公众的好奇心，极大地吸引了人们的眼球。

全球征联的实施过程巧妙地运用了"借势营销"的策略：2006年，央视春晚节目以各省送春联的形式串联而成。我们邀请为春晚创作春联的中国楹联学会来出题，成功借势了有"国人的精神年夜饭"之称的春晚这个大热点；奖品设置中，以易中天《品三国》作者签名本作为特别奖品，成功借势了当年央视最热门的《百家讲坛》栏目和最受欢迎的易中天先生。这一借势传播，引发了海量的反复传播。

征联活动反响巨大，一个多月里共征集到4252幅作品，这些作品来自澳大利亚、马来西亚、美国、法国以及国内27个省、自治区、直辖市，建邦华府的业主也积极参与了此次征联活动。最终，江西一所中学的语文教师雷银喜以"新理念 高品位 大境界 建邦华府倾情筑就称心如意宅"赢得金奖。

活动的长尾效应延续了很长时间。从2007年11月12日起，网站的点击量不断上涨，从网站的访问统计结果分析表上，还可以看到来自美国、加拿大、日本、英国、澳大利亚、德国、新加坡等国家的IP地址。2007年11月27日上午9时至28日下午4时30分，建邦华府网站频繁出现"系统忙"等字样，经过专业数据调查，这是由于浏览量过大而导致的系统瘫痪，因此建邦华府不得不修复系统，升级网站空间。

巧妙利用CCTV大赛资源跨界营销

为了匹配项目的高端定位，发展商决定以精装产品入市。这个决策是很需要勇气的，因为高端客户最忌千人一面。如何打破目标客群对精装产品的成见，并让建邦华府的精装成为一大卖点？

2006年，CCTV-2决定以《交换空间》栏目为基础，举办一场全国性的"空间设计"大赛，我应总导演刘旭先生之邀，担任节目总策划。大赛进程过半时，我们正好接手建邦华府项目的前期策划。我便思考在节目之后，如何借势大赛的影响力，运用好大赛产生的"CCTV十大金牌设计师"资源。

大赛结束、节目播出前夕，在确定CCTV在大赛结束后对设计师没有后续使用计划，也没有约束后，我们便将10位设计师全部签约于公司旗下，组建了阿正传播"CCTV十大金牌设计师"团队。2007年3月，在建邦华府开盘、推出精装大宅时，我们为它设计呈现的，不是地产界千篇一律的"A户型""B户型""C户型"，而是"CCTV空间设计大赛金奖得主林松江户型""CCTV空间设计大赛银奖得主李训程户型""CCTV空间设计大赛铜奖得主罗昊户型"。开盘当天，大赛主持人王小骞女士携十大金牌设计师悉数出场，轰动一时。这个巧妙运用CCTV大赛资源的跨界创新营销极为震撼，让项目产生了强大的市场影响力。

深度发掘历史文化，以扎实的考证推导出三大价值支点，又以借势营销作为低成本的传播手段，使一个居于三环外二三百米的项目，售价甚至超过三环内的同期名盘，为项目赢得了极大的溢价效益，取得了远超预期的成功。

项目策划过程中还有一个插曲。北京建工地产的老总沈荣可先生知道我们为天作国际创作的楼书有"中国楼书终结版"之誉，便问：能否为建邦华府也出一本叫得响的楼书？不求超越，能比肩就行！因他这句话，我们苦思冥想，根据南城第一高端住宅的产品定位和"富贵地、如意宅"蕴含的家族传承价值，挑选古今中外最负盛名的20个大家族，汇集整理他们的家训格言、家族精神、家族源流、家族管理，以《大家境界》为题，呈现了这些影响世界历史的大家族为世人留下的精神财富，揭示了伟大家族的成因和生生不息的根源，喻示在这个拥有"赵公财神、贾公尚书、晋商会馆"三大独特价值的项目置业，将是一个家族开创百年基业的良好肇始。

在北京数十万个"南贫"的门牌号中，聚焦并擦亮"贾家花园3号"这一个门牌号，将项目定位为"富贵地、如意宅"，令这个项目在南城众多楼盘中脱颖而出，鹤立鸡群，为项目赢得了数亿的溢价效益，取得了巨大的成功。

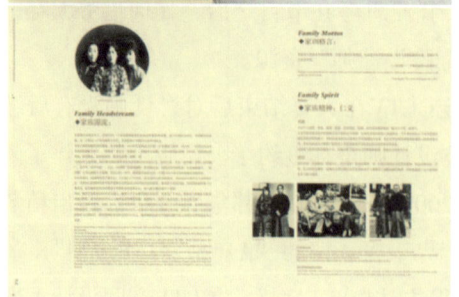

（阿正供图）

《大家境界》一面市就赢得一片喝彩，与《他们在场》一道，成为那个时期地产界的"楼书双璧"。

第七章

礼仕阁：从一条转述文字中挖掘价值

在当年楼盘营销费用基本占全盘销售额3%的情况下，我们通过历史考据、文化赋能、主流媒体传播、营销创新，使建邦华府的全盘营销总费用降低了近一个百分点，降低的额度远超我们的服务费，让北京建工地产觉得非常"值"。于是，我们获得了第二个项目的服务机会。

礼士路=驴市路？

新项目位于南礼士路19号。这个地名的历史渊源，显然与从"驴市路"到"礼士路"的变迁是分不开的。因此，民间认定，既然该地名源于"驴市路"，那么行走其间的必是"贩夫走卒"。这成了项目的一个极大负面因素。

了解我们如何解决天作国际、建邦华府难题的一家营销咨询公司，摩拳擦掌，几经努力，但最后没能解决问题，自嘲说："在'驴市路'上挖了半天，最后挖出了一堆'驴屎'。"提及这个插曲，并无他意，只是想说明，地脉历史考证、文化价值挖掘这件事，确实不那么简单，即使是我们团队，也要费尽九牛二虎之力。

言归正传。只有找出有利于本案市场形象的翔实历史依据，才能提升"驴市路"（礼士路）项目的形象与价值。我们面对的困难，犹如一座大山。跨越这座大山的过程，略显繁复，但为了不再"挖出驴屎"，这个过程是无法省略的。

从一条转述文字开始的历史考证

我们走访了北京市规划委员会西城分局、北京市城市建设档案馆、北京市地方志办公室、北京市西城区地名办公室、国家图书馆、大邦地图资料馆，查阅了大量的历代地图与古籍资料，均无大的收获。

在翻阅历史资料、"大海捞针"的过程中，一条转述的文字引起了我们的注意："乙亥，同朱義儒晨出西便門而北，過夕月壇，出禮神街，為阜城門外。"原始出处是明末清初著名历史学家谈迁所著的《北游录》。

这转述的"出西便門而北，過夕月壇，出禮神街，為阜城門外"很有可能就是今天北京建工地产项目所在的区域！

但这条史料是转述的，而且只是片段。从历史学的角度来说，这远远不够完备，在市场中绝对难以令人信服。所以我们要尽最大努力找到这本书。可是费尽力气，找了几乎所有书店都找不到。后来查了"孔夫子旧书网"，发现真有一本孤本，在内蒙古包头市的一个旧书店！

联系许久，发现书店早已关闭，电话也销号了！不得已，我们求助于内蒙古电视台记者石凯强先生，请他专程到近200公里外的包头市去碰碰运气。他费尽心思，终于找到书店的主人，花了几个小时，才从仓库角落的几个大麻袋里翻出这本旧书！

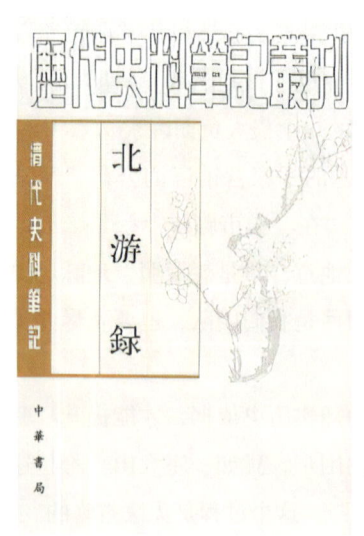

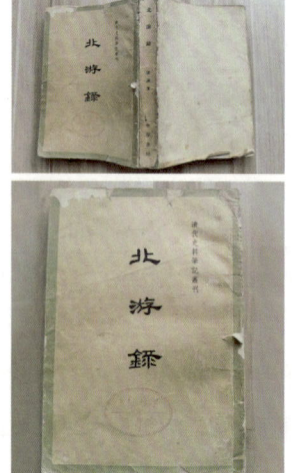

| 第一部分　定位决定命运

上述那条史料在该书第73页。谈迁写道："乙亥，同朱义儒晨出西便门而北。过夕月坛。出礼神街。为阜城门外。"在第250页，谈迁写道："予结髮慕燕之西山也、幸身当其地。昨冬苦寒，今春苦水，及秋而往，毋失也。八月意独往，友人朱义儒请与俱，壮之。舍骞而徒，出西便门，北即夕月坛。松柏多瘁，郊原雨沐，飞尘不扬。礼神街当西直门，而西，非精卢则佳城也。"

那么，书中两度出现的"礼神街"和"夕月坛"又在什么地方？是否与我们的项目有关？我们沿着新的线索继续发掘历史。

民国时期赵尔巽等编纂的《清史稿》卷八十二·志五十七·礼一（吉礼一）

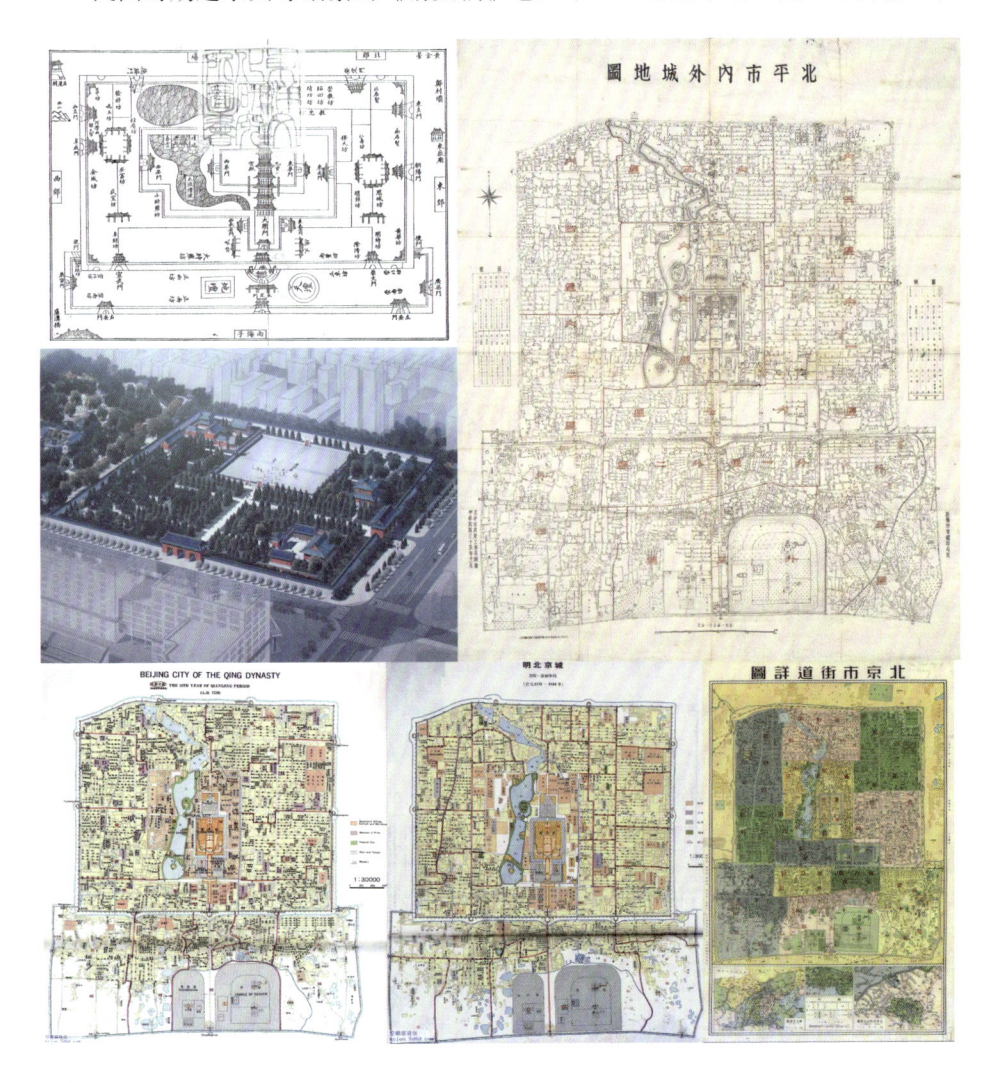

载："朝日坛在朝阳门外东郊，夕月坛在阜成门外西郊，俱顺治八年建……其牌坊曰礼神街。雍正初，更名日坛街曰景升、月坛街曰光恒。"

《钦定大清会典图·卷十一》载："月坛，在阜成门外西郊……东北为光恒街牌坊……其甬路由光恒街而南，折而西，南达坛北门，门以南达礼神路。"

月坛是中国古代祭月的场所，又称为"夕月坛"。早在周代，我国就有天子春天祭日、秋天祭月的礼制。目前仅存的月坛地处北京西城，始建于明朝嘉靖九年（1530年），清代重修，是北京"九坛八庙"[①]之一，到民国初废弃。一般所称"月坛"，即指此地。

原来，夕月坛就是现在的月坛，而礼神路则是通向坛门的主道，又称为神路或神路街。

从现代的地图上，我们已经无法找到当年的礼神路，但是"出西便门而北，过夕月坛，出礼神街，为阜成门外"的路，让我们第一时间把它和礼士路联系在一起！

礼神路到底经历了怎样的变迁？它跟礼士路有没有渊源呢？而礼士路本身又是从何起源、如何变迁的呢？

地名变迁里的文化价值与商业价值

要把礼士路和驴市路区分开来，我们不得不从驴市的起源开始说起。

清末民初至20世纪40年代，在阜成门外设有驴市。驴贩子们守在城门西侧，等待去往京西门头沟等地的人来租驴，这就是驴市口。曾有人撰文说，当年鲁迅先生住在"老虎尾巴"（今鲁迅博物馆）时，常和朋友一块儿去阜成门驴市雇驴到八里庄一带饮酒、郊游，因为当时，一过阜成门就是郊外了，而钓鱼台一带风景宜人，是鲁迅先生常去的地方。

一到庙会举办时，阜成门驴市就会增添逛庙会的租驴业务。庙会期间，"乔装打扮"的驴来往于斯，形成一景，使这条南北绵长数里的小街被人们称为"驴市路"。直到半个世纪前，或许是因为这地名不雅，且驴市消失，尤其是通往京

[①] "九坛八庙"是指北京的坛庙建筑。"九坛"包括天坛（内含祈谷坛）、地坛、日坛（又称朝日坛）、月坛（又称夕月坛）、先农坛（内含太岁坛）、社稷坛、先蚕坛（位于北海内）；"八庙"包括太庙、奉先殿、传心殿（位于故宫内）、寿皇殿、雍和宫、堂子（已无存，现址为贵宾楼）、历代帝王庙、孔庙（又称文庙）。

西的交通便捷了，其他交通工具应运而生，所以"驴市路"寿终正寝，更名为"礼士路"。

追溯到此，只能说明南礼士路是当年的南驴市口延展而来的驴市路的"延长线"。因此，我们没有就此罢手，而是继续探究下去。

在查询礼神街及月坛周边相关信息的时候，我们发现另外一个地名：南礼士路东巷。

据《北京地名典》记载：南礼士路东巷位于西城区西部，北起阜成门外大街，南至万明巷，全长195米，均宽4米，原为南礼士路北段的一部分。1911年后，南礼士路北段的马路调直，遂成南礼士路北端东侧的小巷，初名"东夹道"，1965年更名为"南礼士路东巷"。从前，在此巷子以东还有一条小巷，称为"阜成门南河沿"。随着城市的建设和发展，环城地铁工程和二环路拓宽，万通新世界商城兴起，"东夹道"及"阜成门南河沿"之名便逐渐消失了。

近半个世纪以来，南礼士路东巷的周边环境发生了巨大的变化，东边的护城河被填平了，阜成门和城墙被拆除了，修筑了环城地铁和二环路。早年，南礼士路和北礼士路不是正对着的，经过调整，这里出现了一个十字路口，使南、北礼士路调直正对，路面拓宽，交通方便，四通八达。

至此，历史真相大白：当年由"驴市路"雅化而来的"南礼士路"，演变成了曾经的"南礼士路东巷"，然后又随着城市发展逐渐消失了。

那么，现在的南礼士路又是如何而来的呢？跟前面提到的礼神路到底有没有关联呢？

我们通过对现在的南礼士路进行历史回溯，又对当年的礼神路进行历史回顾后发现，两者的时间点交汇在20世纪50年代中期。

礼神路在清代改名为光恒街，1911年辛亥革命爆发，清王朝被推翻，月坛同其他各坛的祭祀活动也永远地终结了，光恒街不再是封闭式的神路，人、马、车、轿都可以在这条曾经的神路上任意穿行。

20世纪20年代末至30年代初，光恒街西坛墙坍塌成断壁残垣。日本侵略者占了月坛后，把这里当成一处兵营，新中国成立后，人们看到的月坛，已经是一幅残破的景象。

1953年，阜外大街及月坛周边地区的大规模改造建设拉开序幕。月坛的外坛墙连同东南角的大炮楼开始被拆除。不久，坛牌楼也被拆除了。从复兴门外真武庙到阜外大街的道路打通了，代替了原先的南礼士路。

礼神路在改造消失的同时，"南礼士路"在同一块地方诞生了：现在的南礼士路就是在当年礼神路改造的区域新建而成的，但它用了同区域其他地方的旧名称——"南礼士路"。

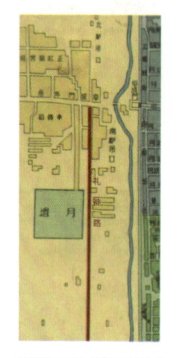

明朝嘉靖九年(1530年)月坛建设完工，按照旧时的规矩，通向坛门的主道，称为神路。

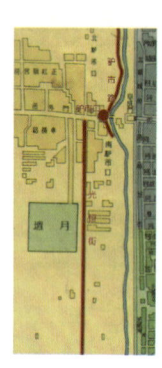

清代礼神路改名为光恒街，而随着驴市口的形成，驴市路也沿着阜成门外护城河慢慢成形。

1911年以后，"驴市路"雅化为"礼士路"。

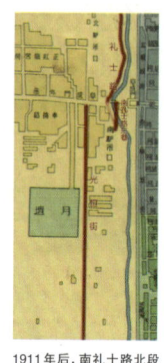

1911年后，南礼士路北段的马路调直，遂成南礼士路北端东侧的小巷，初名东夹道。1965年更名为南礼士路东巷。

20世纪50年代中期，光恒街被改造。随着环城地铁工程和二环路的拓宽，以及万通新世界商城的兴起，南礼士路东夹道之名也逐渐消失。

通过以上资料以及分析，我们现在已经可以还原出从明清到民国再到新中国成立阜成门外地理位置变迁的一些场景了：

明朝嘉靖九年（1530年）月坛建设完工，按照旧时的规矩，通向坛门的主道，称为神路。据官方记载，在明代，这条路就叫礼神路。到了清代，礼神路改名为光恒街，而随着驴市口的形成，驴市路也沿着阜成门外护城河慢慢成形。1911年以后，"驴市路"雅化为"礼士路"。

通过追本溯源，去伪存真，我们得出结论：今天的南礼士路，最开始是为祭祀月神而开辟的"礼神路"。当年，行走在"南礼士路"上的，不是贩夫走卒，不是市井游民，而是祭拜月神的帝王将相、才子佳人！

这个结论，一举提升了项目的文化价值，而项目的商业价值更是得到大幅提升。

至此，项目的地段价值，终于走出"驴市路"的阴影，可以信心十足地以"礼神路""礼士路"为依据，提升为"帝王将相、才子佳人"徜徉其中的黄金地段。我们结合项目的建筑形态，将项目命名为"礼仕阁"，创作了"千年长安街，一个礼仕阁"这句SLOGAN（标语），在当年的北京楼市风光无两。其后，该楼盘每平方米的价格超过10万元。

从天作国际、建邦华府、礼仕阁出发，阿正极端策划机构通过历史考证、文化寻根，以地脉文化赋能地产价值，三战告捷，饮誉一时，并逐渐形成自己独有的策划研究体系和输出传播模式。

此后多年，我们在山东泰安以对泰山文化的深度解读、在江西崇义以对阳明文化的独特解析、在广东梅州以对客家文化的追根溯源，为发展商提供了一系列以文化赋能地产、赋能文旅的优质服务。

第八章

朱子林文旅项目：一个创意实现项目快速变现

在我们团队的合作项目中，有很多是本身具有极强文化属性的项目，那些历经千年而长盛不衰的文化，浸染在当代人的生活和情感中，生生不息。所以，面对每一个项目，我们团队都秉持一个原则：在尊重历史的基础上实现文化的创新和突破。

对于文旅项目，经过多年观察，我认为，文化才是文旅的根本，文化才能成为文旅项目的终极竞争力。在"休闲时代"风口来临之际，我们必须深刻认识文旅产业的实质，紧紧抓住文化这个"牛鼻子"，清醒地看到，没有文化的"文旅"景区，都只是没有持续生命力的"景观"。唯有深度挖掘文化，打造文化高点，将之融进公众认同的范畴，并将之推向"第一""唯一"，才能为文旅带来持久的生命力。

经过近20年的积累，我在历史文化的深度挖掘、项目定位的严谨推导、战术配衬的悉心构建、传播体系的精心设

（阿正供图）

计之上，创立了"极端策划"理念，在力求"争第一、做唯一"的过程中，形成了自己的方法论，并被归纳为"阿正语录"："定位决定命运，策划改变命运，传播影响命运"，这成为区别于欧美各种营销理论的系统性解决问题的一把"金钥匙"。

这把"金钥匙"屡试不爽，在多个文旅项目中一再得到验证，朱子林文旅项目的总体策划及策划思路的"快速变现"就是其中之一。

朱子林文旅项目是福建朱子文化中的重要节点。在各地纷纷"争夺"朱子文化资源的背景下，朱子墓所在地是最无争议的历史文化资源。朱子墓所在地黄坑镇党委书记周春林表示，朱子林文旅项目要做出百年价值，要匹配朱子文化的历史地位。

朱子墓的困境：形制简单，难成景观

我们团队研究后认为：如何审视中华文明上下五千年，对朱子墓进行全新定位分析，深入挖掘其历史文化价值，重构其历史地位，是解决建阳区黄坑镇旅游文化价值支撑的必由之路。只有超越现状的局限，从文化上深度挖掘其核心价值，才有可能将其打造成一个有吸引力的文旅目的地。

朱熹是儒学集大成者，是中国历史上著名的理学家、思想家、哲学家、教育家、诗人，闽学派的代表人物，被后世尊称为朱子。朱熹是唯一一位非孔子亲传弟子而享祀孔庙，位列大成殿十二哲，受儒教祭祀的。在福建，尤其是在闽北，朱子是文化旅游的一张"王牌"。

朱子林的核心就是朱子墓。朱子墓位于建阳区黄坑镇九峰村后塘自然村大林谷。朱子一生为官清廉，官不太大，晚年时，他的理学又被定为"伪学"，朝中有59名大臣被打成"伪学逆党"，朱熹更是成为"伪学魁首"。所以，朱子墓形制简单，规模很小，仅几十平方米。没有帝王将相、达官贵人墓葬的宏大规模，也没有对望柱、石牌坊、神道、石桥、挡墙，墓舍仅为夫妻合葬墓。

这样一个小小的墓地，这样的"景点"，在旅游市场上十分尴尬：游客上山10分钟，"观景"5分钟，下山10分钟，连消费一瓶矿泉水的冲动都没有，旅游消费几乎成了空白。而且它距离高速路还有几十公里，很难成为公众的旅游目的地。要吸引游客专程去朱子林，确实需要一个极具吸引力的动因。

多年来，福建、江西等地在文化旅游中，都力推朱子文化牌。尽管朱子墓是朱子文化旅游中最无争议的一个重要节点，但如何跳出现状的局限，从文化上深度挖掘其核心价值，对朱子墓进行全新的定位分析，仍然是亟须解决的难题。

风飘罗带

龙归后塘

关于卜葬，朱熹《孝宗山陵议状》中载："葬之为言藏也，所以藏其祖考之遗体也。以子孙而藏其祖考之遗体，则必致其谨重诚敬之心，以为安固久远之计。使其形体全而神灵得安，则其子孙盛而祭祀不绝。"朱熹认为：人子对父母遗骸的安葬，将有谨重诚敬之心，绝不可急，择一吉穴，可保子孙昌盛，祭祀不绝。

据明戴铣《朱子实纪》卷七载，传朱熹于建阳之时，尝梦一异人对其言："龙归后塘，乃先生归藏之所。"后遂与高足兼挚友——南宋著名理学、律吕学、堪舆学家蔡元定到唐石里（今黄坑），勘梦中异人所言之地，寻百年后"归藏之所"。至后塘大林谷，但见此山果与梦中景象同。朱熹甚喜，曰此地是"风飘罗带"。

宋淳熙三年（1176年）十一月，朱夫人刘氏病逝，次年二月，朱熹葬刘氏于大林谷。宋庆元六年（1200年）三月，朱熹病殁于建阳考亭沧洲精舍（后来的考亭书院），十一月归葬大林谷。

朱熹墓靠山近水，有"风飘罗带"风水之说。黄坑镇后塘村的大林谷，是一片郁郁苍苍的森林。森林后，逶迤排列着九座山峰，为"九峰山"，风水峦头学上称之为"九脑芙蓉"。

朱熹墓后方是九峰叠翠、山势似龙舞凤翔的九龙岗；前方是虎头山，状如猛虎俯卧；左前方是鲤鱼岗，有鲤鱼归塘之说；右前方是唐石山。远眺穴地，两旁山脉透迤延伸，如风吹罗带，飘拂不定，故名谓"风吹罗带穴"。朱熹墓的自然地理环境，完美体现了人与自然环境的和谐与统一，风水极佳，是闽北地区罕见的"风水宝地"。

重构中国古墓价值体系：提出"中国四大圣贤古墓"的创意

日月经天

朱熹墓，又称为"朱子墓"，坐落于建阳区黄坑镇九峰村后塘自然村大林谷。1985年被列为"福建省文物保护单位"；2006年，经国务院批准，被列为"全国重点文物保护单位"。

自古以来，到朱熹墓探访、凭吊者络绎不绝，陵墓亦在宋、元、明、清各朝多次修葺。墓园早年建有"顺宁庵"和"翠如亭"。大林谷山下有"率木亭"，元、明、清三代都在此建有享堂，称"朱子祠"，为朱子后裔祭祀和拜谒者歇息之所。墓园内原有下马亭遗址，亭前石碑上刻："朱文公墓在此，文官下轿，武官下马"。通往后塘村的路亭立墓道碑一方，上刻："先贤朱文公墓道"。上款为："康熙五十六年丁酉岁十月望日"，下款为："巡抚福建学院车鼎晋同捐俸建立"。

由于年代久远，墓园荒芜且面目全非。自1982年后，省市政府陆续拨款修缮朱熹墓园，如今已恢复原貌。

朱熹墓坐西北朝东南，墓规不大，质朴无华，墓地面积约200平方米，墓园保护面积约1万平方米。朱熹墓是具有浓郁地方特色的风字形墓地，整个墓体采用当地盛产的鹅卵石铺就，墓园共分三层。

顶层为墓室，中为封土堆卵石垒砌穹隆圆形墓堆，墓后有清康熙五十六年（1717年）立"宋先贤朱子、夫人刘氏墓"碑一方，高约2米，宽0.8米。

1992年，韩国朱氏中央宗亲会捐款新建了"思源亭"。

二层为圆形墓园，设有长方形石香炉，石供桌一张，石烛一对。

三层为长形石坪，可供百余人站立、拜祭。墓地周围种有松树、柏树、桂树、罗汉松、常青树、铁钉树和拟赤杨等。

在通往墓地路旁的墓道碑亭内，立有清道光年间墓道碑一方，碑高3.3米，中间刻书："宋徽国文公朱子墓道"，上款为："道光戊申孟冬"，下款为："资政大夫督学使者彭蕴章敬题"。

南宋嘉定十七年（1224年），先祖徽国文公曾孙清溪公潜日睹蒙元奴隶主步步南侵，朝廷群臣主和误国，叹报国无门，遂愤而携二子一女及门人叶公济、赵旭、陈祖舜、周世显、刘应奎、杜行秀、陶成河七学士浮海而东，隐于箕圣攸封之朝鲜半岛。其后，子孙繁衍七百六十余载，世代不忘考亭世泽。1990年10月，35代孙斋朱昌钧率韩国新安朱氏中央宗亲会代表团返故土寻根，祭拜先祖，受立碑建亭以表慎终追远，永怀祖德之情。（朱子后裔：韩国新安朱氏中央宗亲代表团；公元1991年10月立）

提到古代陵墓，人们无疑都会想到秦始皇陵、昭陵、明十三陵、清东陵……这些占地广、规模大、风水格局完备、风水要素齐全的古代陵墓，已经成为中国古代陵墓风水的代名词。相比之下，朱子墓显得极不起眼，它既无法与"帝王墓"争锋，也不能与"帝王墓"争锋！如何凸显朱子墓风水格局在中国古代陵墓中的地位？我们反复思考后，确立了定位创意方向：重构中国古代陵墓价值体系！

（阿正　摄）

经过反复思考，我决定用足朱子在中国文化史上位列"四大圣贤"的历史地位，首次提出"中国四大圣贤古墓"的概念：老子墓、孔子墓、朱子墓、王阳明墓。这样，很不起眼的黄坑朱子墓便以"中国四大圣贤古墓"之一的形象横空出世，进入中华五千多年文明史上最具价值古墓的一线阵营！

品牌是消费者的记忆。在几十年间，世界品牌专家们经过对消费者的调查，得出一个规律：在20个大类的商品品牌中，每一个大类消费者能记住的品牌，一般不会超过7个。这就意味着品牌的影响力如果进不了行业前七，它就不是真正意义上的品牌。如果一个品牌进入了消费者记忆的前三位，那么它的市场价值就十分值得期待。

当黄坑朱子墓进入中国古代圣贤之墓序列并位列前三，它就成为我们打造朱子林景区的出发点。我们的工作开始聚焦于如何丰富这个景区，增加游客互动体验，让游客流连忘返。

紧扣核心价值：以文化拓展区域景观的纵深

将已完成建筑主体的"朱子纪念馆"，更名为"朱子纪念馆——龙归堂"，紧扣黄坑在朱子文化中的核心价值点，讲述朱子"龙归后塘"的故事，着力挖掘黄坑作为朱子"龙归之地"的风水文化，确立其作为"风水宝地"的广泛认知，夯实黄坑朱子墓的独特价值，为在此基础上展开组团式景区策划奠定坚实的根基。我们认为，旅游策划的高妙之处，不是大兴土木、大举投资，而是点石成金。要以最小的投入，获取最大的效益。因此，我们为朱子林景区的策划制定了以下原则：

"一个价值核心"——四大圣贤古墓；

"多个关联主题"——核心价值延展；

"有限景点设置"——点状设置景观；

"多重体验复合"——景观功能叠加。

根据这几项原则，我们经过长时间的调研及探讨，历经几十个不眠之夜，精心策划，大胆设想，小心求证，将这个组团由朱子墓、龙归堂、朱子公园3项内容扩充到12项内容：朱子墓、龙归堂、朱子公园、考试祈福亭、半亩方塘、中华风水研究中心、朱子后裔谱系榜、全球朱氏后裔状元榜、八闽子弟状元榜、"叶黄满坑金"全球征诗长廊、水面灯光秀及河岸景观设置、养生谷。

这样，在基本不增加大规模投资的情况下，项目将由朱子墓延伸而下，到河岸，形成一个千年文化景观带，有望让游客的驻留时间从30分钟延长到180分钟以上！

当我们站在中华文化上下五千年的宏观视野中，审视并重新定位了朱子墓的历史坐标，确立了朱子墓的核心价值，一切都将为之改观！

特别幸运的是，方案完成不久，正值南平市为召开第二届旅游发展大会甄选重点项目。原先不太"够格"的黄坑3A级景区，因为这个方案被确立为与5A级的武夷山景区并列的两个主会场之一：年财政仅数百万元的黄坑小镇，由此获得了超过1.5亿元的巨额投资，不但计划中的道路升级等基础设施建设得以提速，还参考策划方案，新增了大量新的项目，黄坑景区有了翻天覆地的变化，文化内涵大幅提升，终于呈现出了它应有的风采。

(阿正　摄)　　　　　　　　　　　　　　（郑俊敏　摄）

在我们主导过的策划项目中，这是策划思路"变现"最为神速的一个。

第九章

崇义阳明心城：五步法精准定位阳明文化独特魅力

(广东客天下旅游产业园有限公司供图)

2019年4月初的一天，我们团队为北京故宫策划的"发现'中纹'之美"项目，开完新闻发布会，刚转入"首届中华符号数字化创意设计大赛"的紧张工作，客天下创始人蔡鸿文先生进京，派一位叫张君的干将到阿正传播，邀请我见面并出席晚宴。事发突然，我只能在他们晚宴后赶去拜访。

这是我第一次见到蔡鸿文先生。他是个工作热情极高的人，见面没有几分钟，他就拿出一份据称是王阳明绘制的江西崇义古城图复制件，说客天下特色小镇创立的"乡镇城互动融合"模式受到部委领导及各方的关注，正在向全国拓展。他们首先想布局的是客家文化区域。崇义县因拥有客家文化与阳明文化，所以这成为他们的重点目标，他希望我能帮助他们挖掘阳明文化的精髓，为客天下与崇义县政府的合作打好基础。他邀请我尽快去客天下考察。

他的热情和真诚一下子打动了我，让我有一见如故之感，遂当即应允。

2019年4月12日，我前往梅州客天下总部参观考察。这是我见过的施工最精细的项目，人行道的石板和砖铺设得严丝合缝，几乎与家具的接缝一样精致，这个细节令我对客天下的工匠精神大为赞叹。山腰有一组百米墙雕，描绘了客家文化的千年源流。景区、酒店、餐馆里，四处可见客家文化质朴淳厚的独特魅力。看到一个企业如此重视文化、文化落地过程如此精雕细琢，我在惊讶、感动之余，特别庆幸，只有和这样的企业合作，将来才有可能出精品啊！

（广东客天下旅游产业园有限公司供图）

阳明文化："五省两市之争"及"三县之争"

王阳明是影响中国历史数百年的杰出人物，阳明文化已成为一门举国共享的显学，江西小县崇义要借势阳明文化获得坚实的文化支撑，必须面对众多无论在历史上还是现实中都远远超过它的强大对手。其实，在很多人眼中，它甚至连被视为对手的资格也不具备。

我的解决之道，依旧是从"定位决定命运"开始：解析现状，细分实力，发现差异，并以此为基础确立愿景与目标。

研究王阳明的专家们积累了无数成果，我以半个历史学者的身份，在解读了大量专家成果之后，创造性地理出了王阳明文化的"地域竞争"格局。

"五省两市之争"：王阳明在各地留居的时间分别为浙江25年、北京18年、贵州3年、江西8年、南京1年、两广1年（均为约数）。其中，浙江、贵州、江西、北京是王阳明人生道路上最重要的驻留地，都有充分的理由"拥有"王阳明。

"三县之争"：福建平和、广东和平、江西崇义三县均由王阳明奏请设立，均传播本县与王阳明的深厚关系。

作为王阳明主政江西（赣南）的所辖地，崇义所占据的阳明文化与其他地区的阳明文化如何建立区隔？这不仅关乎未来的竞争，关乎阳明文化如何落地生根、开花成景，也关乎崇义阳明文旅项目在全国尤其是阳明文化版图中的独特地位。可以说，不解决这个问题，崇义就无法借势王阳明。

（阿正公司根据王阳明在崇义时期的年龄，设计的肖像图）

基于对崇义项目前期的了解，我认为其超出了常规文旅项目范畴，须以更高的立意、更大的格局、更优的模式，来确立整个项目的文化高度、市场准度和客群黏度。

探求：崇义在阳明文化版图中的独特地位究竟是什么

那么，如何找到并确立崇义在阳明文化版图中的独特地位？如何让阳明文为崇义文旅注入生命和灵魂?

经过反复研究,我认为:崇义突破的方向是要主动承继王阳明的"江西实验"资产!

年龄段(岁)	时间(年)	活动地点	主要事迹	备注
0-10	1472-1481	浙江余姚	出生、取名、开口、游戏(象棋)	1481年父王华中状元
11-16	1482-1487	北京	随祖父入京、求学、守母丧、游历居庸关	学做圣人,热心武事
17-18	1488-1489	江西	南昌完婚,始慕圣学	洞房夜失踪、结识大儒娄谅
19-21	1490-1492	浙江	随父守祖孝,习举业,中乡试	入科举
22-23	1493-1494	京师、浙江余姚	会试落榜、结社龙泉	科举不顺
24	1495	越城	游学	
25-30	1496-1501	京师	春闱不第,寓京师学兵法、理学、会试第七、观政工部	科举成功,初登仕途
31-32	1502-1503	浙江	病归越城,却僧还俗	渐悟佛老之非
33-35	1504-1506	京师	主考山东乡试、京师授徒、被贬	仕途折戟
36	1507		逃难回浙	
37-38	1508-1509	贵州	龙场悟道、主讲文明书院	心学大成
39	1510	京师、江西	刘瑾伏诛、任庐陵知县、回京师	重新出山
40-41	1511-1512	京师	吏部任职	
42	1513	浙江	地僻官闲,讲学入道	
43-45	1514-1516	京师、南京	升南京鸿胪寺卿、上疏请归不允、右都察院左佥都御史	
46-50	1517-1521	江西	剿匪、平叛、讲学、建县、教化	建功立业
51-55	1522-1526	浙江	守父孝、讲学	
56-57	1527-1528	广西、广东	平叛思田、兴学校抚新民	最后绝唱
57	1529年1月	江西大余	病逝	此心光明,亦复何言

携带贵州龙场悟道、创立心学的伟大成果,满腹经纶、有经天纬地之才、立志做圣贤的王阳明,在江西进行了长达8年的社会实验。江西,实际上是王阳明经世致用、教化治理理想的"唯一实验场"。

而崇义,就是王阳明8年社会实验的"最后华章",是一个融合江西多年实验心得的"集成基地"。

根据王阳明两度上书奏立崇义县,并委派南康县丞舒富、上犹典史李禄负责建县的历史事实,我们可以推论,在建县之前,王阳明是对部属舒富、李禄进行过一番"面授机宜"的。

根据王阳明以"崇尚礼义"之意为这个新设置的县命名,以及古城内府衙、监狱、学堂、商街、民居及相应的交通、卫生设施一应俱全的情况,我们有理由相信,崇义古城最初的布局草图应出自王阳明之手。

我们认为,崇义就是王阳明为了庇佑民众、呼应民心而建的一座城,是王阳明用心构筑的融合教化、治理理念的一座城,是王阳明心中所想、倾心主建并进行"集成式实验"的一座城。

（广东客天下旅游产业园有限公司供图）

从上书建县、创立县治，到社会教化与治理，无一不体现王阳明知行合一、致良知的思想精华，是他"事上练"、经世致用的最后一场"综合集成式实验"，是他在一张白纸上绘就的最美图画，是他的一座"理想堡垒"。

崇义，就是王阳明"知行合一"的集大成之地！

立足本我：五步精准定位崇义阳明文化

找到区隔并确立文化价值核心后，崇义阳明文化与客天下项目如何融合？阳明文化与其他产业如何联动发展？客天下项目与崇义整体旅游资源（如阳明博物馆、阳明山公园、上堡梯田等）如何协同？我们需要从产业关系、区域连接、功能互动等层面，给"阳明心城"一个高妙的总体策划。

那就是探求"崇义王阳明"的"根"，建立与国内其他阳明文化区域的鲜明区隔，书写属于"崇义王阳明"自己的历史，让世人了解一个历史不曾给予应有关注的、为众多"王阳明属地"的耀眼光环所遮蔽的、寂然默然的王阳明文化重地，最终让世人给予崇义最温情的注视与尊重！

我们从以下5个方面进行研究和创意策划：

（1）抽丝剥茧，厘清崇义王阳明文化的独特性。在"共享"王阳明文化的同时，找到崇义得以"独享"之处，为客天下项目夯实文化根基。

（2）严丝合缝，定义客天下项目的唯一性。在诸多优质资源、前沿概念能够为我们所用的前提下，确立归属于项目的最佳定位。

（3）立足市场，描绘客天下项目的前瞻性。如何在千亩大地上绘制未来蓝图，关系到崇义能否实现跃升式发展。

（4）着眼全局，构建客天下崇义大文旅的关联性。这包括崇义的旅游资源如何整合，物产资源如何销售，如何提升游客体验，如何提升旅游消费等。

（5）以巧博大，释放客天下项目的品牌影响力。在传播过程中，注重由企业品牌带动项目品牌，通过活动策划和事件营销，达到四两拨千斤的传播效果。

（广东客天下旅游产业园有限公司供图）

通过详尽的解析和精准的定位，我们为崇义确立了在举国推崇的阳明文化大格局中的独特地位，以此为核心定位，崇义这座小城无须再与阳明文化的几个重镇去抢夺资源，凭借独特鲜明的价值支撑，它足以吸引各方关注。

意外的奖励：一个超级大红包

崇义阳明文化项目是个让我倍感兴奋的项目。在做了"双世遗"泰山、福建朱子林、故宫等文化主题后，能涉足阳明文化，我心里十分庆幸。

我生来就是个书生，对我而言，做项目就是苦心孤诣去创新，去解决难题，最好是去解决其他机构反反复复解决不了的问题。我从未想过要把公司做到多大，因此公司从来未设销售岗位，也没有招商务谈判、合同专员。我相信，我们的服务将创造百倍于服务费的效益，因此我总是希望三言两语就解决商务条款，把精力全部放在策划创新上。幸运的是，10多年间遇到的客户，大多能基于对我们专业度的了解，接受我们大致在行业中上水平的报价。一旦遇到以价格为唯一合作条件的客户，我们就只好敬谢不敏了。

我还遇到过好几位特别真诚、谦和的城市、企业领导，他们直率地问我："每次各方推荐给我们的策划公司都不少，这些公司看起来业绩都很出色。我们总怕选错了，你是专业人士，你说说，究竟如何选择才是对的？"我也直言相告："策划机构的灵魂就是创新，你只要问它：有过多少项全国首创乃至全球首创的策划案例？这样就能筛选掉七八成了。"

客天下总裁助理、营销部总经理李日锋先生在商务洽谈中表现出的专业度和职业精神给我留下了深刻的印象：他一方面砍价，确保集团利益；另一方面耐心沟通，确保双方的合作能够最终达成——我认为与优秀团队达成合作才是客户真正的利益所在。他还承诺将向领导反馈我们因钟情"阳明文化"主动降低商务标准的诚意，表示将来的合作会尽力缩小双方的差距。他争取了我们的让步，还赢得了我们的尊重，让我们团队心情愉悦地全身心投入工作。

2019年5月初，我们向客天下领导进行方案汇报。蔡鸿文先生听着听着，说："这是我从业几十年听到的最好的策划报告！"他扭头对副手说："给阿正老师发个红包吧！"

讨论结束离开会议室的时候，我突然收到公司财务的信息：阿正老师，收到客天下集团50万元电子汇款。查对合同，这笔款好像不是合同约定的……

这是我平生收到的最大的一个红包！而让我倍感喜悦的，是红包背后的高度认可。

几个月后，客天下在崇义投资50个亿，建设"阳明心城"，大兴文旅。2022年元旦，阳明心城举行盛大的开街盛典，正式投入运营。

第十章

泰安泰山佑：
深挖历史文化根源的定位策划和项目命名

泰山脚下：一块宝地"遗世而独立"

2019年，泰山脚下5000亩（约333万平方米）黄金宝地的文旅项目与我们结缘。

泰山脚下的这块宝地，被泰安市政府视为"眼珠子"，几任领导都惜地如金，表示该区域的开发宁缺毋滥。正因如此，中国排名前30的实力发展商，大半都曾前去考察商洽，提出过许多方案，但最终都铩羽而归。在中国房地产业所向披靡、文旅产业初兴便自带光环的10多年间，泰山脚下的这块宝地一直静静地卧着，寒来暑往，春播秋收，"遗世独立"。

2019年初，鲁商乡村发展集团有限公司领导张建峰先生带队前往广东的客天下考察。客天下的特色小镇启动于2004年，比国内各地的特色小镇早了近10年。在梅州的一片荒山野岭之上，客天下打造出宜居、宜业、宜游的特色小镇范本，成为著名的4A级景区，走出了一条独特的乡镇城互动融合发展道路，受到国家多个部委的高度肯定，全国各地参观考察者纷至沓来。鲁商代表在考察交流期间，敏锐地发现了客天下在同行业中的独特优势，双方领导达成了共同争取泰山脚下这块宝地的战略合作意向。

此前不久，我们团队在崇义阳明文化中的精准价值定位，给客天下创始人蔡鸿文先生留下了深刻印象。他力荐由我来担任泰山项目的总体策划，实现立项目标，拿下这个被"捂"了10多年的黄金地块。

2019年5月7日，泰安市委领导考察客天下，在座谈会上，我说："在泰山脚下做文旅项目，就要做匹配于圣地与圣贤的杰出项目，而不能做标签文化，不能做伪文化，不能停留于对泰山文化的简单模仿与复制。"与会者十分赞同，泰安市委领导当即向我发出了考察邀请。

我们团队借着深度考察泰山文化的机会，参与了多场泰山文化的专家研讨会，企业领导还陪同我专程到济南拜访了著名文旅专家、时任山东旅游职业学院党委书记陈国忠教授。众多专家关于泰山文化的研究成果和见解，让我们受益颇深。

孔子圣中之泰山；泰山岳中之孔子。孔子与泰山，同出齐鲁大地，是代表中华人文与自然的两大高地，光耀天下，与日月同辉。谋划位于泰山脚下的项目，需要我们以虔诚之心，馨香祷祝，造就无愧于圣地与圣贤的项目。只有这样，才能无愧于心，无愧于时代。具体而言，新项目要与泰山比肩而立，而不能是泰山文化的模仿与补充。要以品牌差异化为原则，做中华文化的国际化，才能真正形成项目的核心竞争力，成就市场化与产业化，真正拉动旅游消费，造福一方，提振区域经济。

深度解析泰山文化价值：众神护佑之地

按照"阿正极端策划"的理念，一切从"定位决定命运"开始。而定位的基础，就是要从泰山文化价值的深度解析开始。

对泰山，我是不陌生的。当年我的中学语文老师郑洪通先生，在讲解姚鼐的《登泰山记》时且说且画，随着他的话音，黑板上，一幅粉笔画从"泰山之阳，汶水西流"开始，慢慢生长到"而雪与人膝齐"止，跃然呈现。这堂课我们听得如痴如醉，无限神往。课后，我将课文读到倒背如流，连"桐城姚鼐记"也是不能少的。工作后，很快就找机会去登了一回泰山，与"桐城姚鼐"一路同览泰山胜境。

2007年12月30日，中央财经领导小组办公室秘书局局长吴红女士带队走访考察泰安、曲阜一线，点名让我参加。听取泰安市领导情况介绍时，她得知泰山旅游不够红火，突然对我说："小郑，你是专家，你做点贡献，给泰山策划一个传播方案吧！让更多的人来感受'天下第一山'的魅力！"回京后，泰安市领导发来不少资料，我也做了大量史料研究工作，用了一个多月的时间，做了一份传播方案，递给了泰安市领导，受到高度好评。方案的主体，是通过泰山历史文化脉络的条分缕析，从秦始皇开始，一步步推导出"登泰山，保平安"这个传播口号：由于秦始皇的祖先是给周天子养马的，总被中原诸国小瞧。秦虽灭六国，然天下难服。秦始皇遂登泰山极顶，行封禅大典，通过祭祀天帝，诏示自己乃"受命于天"。秦以后，历代有12位皇帝在泰山举行封禅大典，祈求天下太平，同时为自己铭功颂德、扬名显亲。泰山护佑天下之名，传扬千年。据此推导出"登泰山，保平安"的精神价值，这个传播口号一直沿用至今，成了中国文旅界的经典。

10多年后有幸再度研究泰山，我觉得，应该更加深入地找出泰山之所以能保平安的历史文化根源。

经过一系列解读和分析，我们确定了泰山历史地位的三大成因：国家定位、历史积淀、民间祈福。

国家定位。它位居东方，临近齐鲁文化核心鲁国政权所在地，成为华夏民族早期最重要的祭祀、封禅地。

历史积淀。中国各民族都有祭山的文化传统。汉族先民早在大汶口文化时期，就有祭山的习俗，认为山是有云聚集的地方，有云即有雨，有雨就能使万物生长，这是农耕文化、农业文明的重要象征。

民间祈福。泰山神仙众多，其中最受重视的是泰山女神。中国女神主要有神话中的王母娘娘、女娲、观音菩萨、嫦娥、泰山奶奶、妈祖等。其中，泰山奶奶（泰山圣母碧霞元君）关乎人生三大问题：一是传宗接代，是生育之神；二是包治百病，是健康之神；三是长寿，是平安之神。生命延续、健康、长寿，正是人生的三大祈盼，也是女神祈福的核心诉求，从古至今，高度一致。

最关键的，是泰山由儒、释、道三教必争之地开始，经千百年演变，成为三教合一之地。

上述解读与许多泰山文化学者的研究成果基本吻合，但究竟如何简要精准地呈现？

我们团队每天都不定时召开头脑风暴会，各种创意都经历了从惊艳一时到被板砖拍得体无完肤的过程。清晨一个又一个地到来，"曙光"却依然没有出现。创意过程的艰难，让我们觉得岁月如此漫长。

我的案头堆满了关于泰山的书。一盏茶，一斗烟，思绪随书卷翻飞。

在泰安岱庙考察时，我在旧书摊上买到一本又薄又破的书。一天，在翻阅了许多大部头后，我在夕阳中随手翻阅着这本小册子。一行文字跳进眼帘："泰山上的神多，济南府的人多。"我灵光乍现，突然想到了古希腊的众神和他们的狂欢。

原来，泰山之所以被公众认为能"保平安"，其历史文化根源就在于"众神护佑"！

项目的历史文化价值就此确立：众神护佑之地！

"泰山佑"：命名背后的文化内涵

这个创见，与"五岳之首、华夏之巅"的宏大叙事并不矛盾，而溯及源头的艰苦努力，为项目的文化价值定位打下了坚实的根基，也赢得了各方的高度赞赏。

在泰安考察期间，泰安市的领导和专家们都对这个项目的命名表示关注，期待我们团队能创作出一个响亮的案名。

我们反复研讨，将泰山文化与项目的文化价值相结合、提炼，最终提出"泰山佑"的项目命名。同时提出"居泰山之右、承泰山之佑"的项目SLOGAN，并相继演绎出"居泰山右，从此泰山佑""千年泰安城，一个泰山佑"等系列传播主题。

泰山佑项目的定位策划和命名，获得各方高度认可，帮助客户一举将文旅项目收入麾下，成为2019年中国文旅界瞩目的大事件。

当中国年人均GDP超过1万美元时，众多资本纷纷涌入文旅行业。大家都知道，文旅行业要做文化，但真正做得好的，却很有限。其原因，就在于文化的挖掘需要深厚的历史文化功力，如果人云亦云、拼凑概念，那么所谓的文化就只能成为一张了无生气的标签。

文化是一个人、一座城市乃至一个国家最具有沉淀感和深度的实力之源。寻文化之根，是为了找到所在地归属之处，找到未来发展之源，找到创新突破之口。文化是文旅的根本，没有文化的"文旅"景区，都只是没有持续生命力的"景观"。所以，只有超越现状的局限，从文化上深度挖掘其核心价值，才有可能打造出一个有持久吸引力的文旅目的地。

我强调"文化是文旅的终极竞争力"，意正在此。

（除标志为阿正公司设计外，图片均由"泰山佑"项目组提供）

第二部分　策划改变命运

"策划改变命运"：旨在以定位的实现为目标，通过数据分析、资源整合、创意策划，实现无中生有、以小博大、点石成金、四两拨千斤。以最小的代价、最优的路径、最佳的效果实现定位目标。

第十一章

策划的力量

世上只有两类大事：突发的和策划的

策划是什么？

"策划"一词最早出现在《后汉书》中。《列传·隗嚣公孙述列传》中有"是以功名终申，策画复得"之句。其中，"画"与"划"相通互代，"策画"即"策划"。"策"，主要是指计谋、谋略、策略；"划"主要是指设计、筹划、谋划。

日本策划家和田创认为，策划是通过实践活动获取更佳效果的智慧，它是一种智慧创造行为。美国"哈佛企业管理丛书"认为，策划是一种程序，"在本质上是一种运用脑力的理性行为"。更多的人说，策划是一种对未来采取的行为做决定的准备过程，是一种构思或理性思维程序。

我认为，策划是为目标赢得最佳实现效果而展开的具有独特创意的筹谋：它基于目标定位，以最巧妙的方式、不可复制的创意，实现最优化的效果。

世界历史可以分为两段：已发生的和将发生的。

而世界历史的所有大事，可以分为两类：突发的和策划的。

突发事件一旦发生，就进入了应对阶段，实际上，也就进入了策划程序。

因为，人类总是要直面自然的恩赐或责罚，然后决定顺变或应变。

因此，天下大事，总体来说，都是人类直面自然顺变或应变的结果，换言之，都与策划息息相关。

历史上的经典策划案例

人类作为自然的一个组成部分，在它诞生时，实际上就有了"策划"——那是人类面对自然的赐予与惩戒的最初反应，我们可以称之为"应对"：为了生命的延续，人类选择逐水而居；为了不受野兽的侵扰，人类学会筑屋修墙；为了便利交往，人类开辟了阡陌交通……顺应自然、谋求生存的一系列"应对"，让人类在野蛮原始的生态丛林中一次次遇险境而不绝，生生不息。

纵观中国的历史，同样符合上述结论。以策划为基本线条，便可以大致勾勒出左右中国历史走向的关键事件节点。战略家、谋士、策划人作为中国历史长河中一股独特而重要的力量，也给我们留下了众多精彩的策划案例。

真正的"策划"，最早产生于春秋战国时期。运用文韬武略，在众多势力的博弈中纵横捭阖、实现治国安邦目标的"纵横学"，就是典型的"策划"。

春秋战国时期的格局是八百小国、诸侯三千。经过数百年的激烈征战，诸侯群雄纷争，最后产生了"春秋五霸""战国七雄"等"诸侯强国"。这些"诸侯强国"之所以能从"八百小国、诸侯三千"中胜出，主要就是依赖他们身边的战略家、策划高人。比如春秋五霸中，齐桓公身边有被他尊称为"仲父"、被后人尊称为"管子"的"华夏第一相"管仲；为晋文公成就霸业做出卓越贡献的首席谋士是狐偃；辅佐楚庄王的是史称"循吏第一人"的孙叔敖；吴王阖闾身边的策划高手是《孙子兵法》的作者孙武；越王勾践的人生逆转靠的是谋士范蠡的潜心筹谋。战国七雄中最后一统天下的，是千古一帝秦始皇。秦能最终统一天下，正是因为它自建立诸侯国始，就特别倚重战略家、策划高人：早期是商鞅，中期是张仪，晚期是范雎。

在国际历史上，争霸斗争同样高潮迭起，谋略和策划同样风云变幻、精彩纷呈。

比如，20世纪八九十年代美苏争霸过程中，美国总统里根上台后，立即调集各路战略策划高手，开始了演变苏联、搞垮苏联、结束美苏争霸局面以求独步天下的三大策划：以军备竞赛为核心的经济战、石油战、经济制裁，最终实现了这一惊世阴谋。

好奇心：成功策划的要诀之一

成功的策划，是基于坚实广博的知识积累，又远远超越知识的一项创造性工作。无处不在的好奇心、丰富的想象力和求异的思维方式才是成功的要诀。

这里不妨摘要分享一下我为挪威作家埃里克·纽特（Eirik Newth）的《世界的种子——改变人类历史的科学故事》中文版写的推荐序。我力图阐明，是"好奇心引导着人类走向未来"。

那些猴子为什么不再变成人？

有一天，一只猿猴在向另一棵树跳跃时不慎落地，发现地上的空间其实更大，便招呼猴友们下来玩玩。而有一部分猴子始终不敢下树，树下的猴子就直起腰来招呼，还站在树下伸手摘树上的果子，证明在地上活动也很好。一来二去，它们渐渐开始练习直立与行走。

这是我写在小学作业本上的一段关于猴子研究的大致结论。那时，我听老师说人是由猴子变的，就想：那是怎样一个过程？它们是怎么从树上下来的？后来我自认为已搞清了猴子下树的原因，便煞有介事地以"研究结论"的方式写下了上述心得。再后来，这项工作没有继续，因为我的研究没有进展，我碰到了一个难题：

现在那些猴子为什么不再变为人类？

现在的猴子，比如动物园里的那些，它们是会晃晃悠悠直立行走的，有的还会表演投篮、骑车，可是它们为什么不变成人呢？难道它们认为做人不如当猴子吗？

后来我知道，自己当年的结论是多么可笑。

猴子其实不是因为不慎而落地。它是想知道自己在地面上活动的可能性，想知道自己还能做什么，于是它就下了树，探求更适合自己的、更为自由的生存空间，从此它们一步步走向未知。这一走，便走了几百万年，一路上，它们见了什么都好奇，都左瞧右看，要知道个究竟。它们了解了越来越多的自然现象，使用了越来越多的工具，征服了越来越多的动物，然后，然后，然后它们就变成了人类。

我想这个结论有可能是正确的，因为只有这样，猴子们才可能因好奇心重、求知欲旺而智力益增，最终变成了人。

可以说，好奇心是人类发展的动力，好奇心引导着人类走向未来。

可是，现在我们的好奇心正变得越来越弱。我们对许多事物已感到麻木，把自己关在鸟笼般的房子里，让自己在近乎恒温的空调中活着，我们的肌肤越来越不敏感，我们的身体技能越来越差，我们的抵抗力越来越弱，我们的心越来越远离自然。

我们依赖气球探测来判断天气，而不是通过看看云、听听风就知道老天爷的心情；我们住在高高的塔楼里，清晨醒来时听不见打在芭蕉叶上的雨声；我们迈着匆匆的脚步追逐世俗的潮流，没有机会躺在午后的斜阳里静静地看蜘蛛怎样结网。

我们变得越来越依赖身体之外的各种机器。我们的内心世界，越来越荒芜。

我们对孩子们的好奇心越来越感到好奇。我们的求知欲望，越来越淡漠。

是的，成人们大都失去了对新鲜事物的好奇心。这是我们的悲哀。祖先们对世界充满好奇的基因，似乎仅仅保留在孩子的身上，现在，只有靠孩子来引导这个世界重新回到她充满好奇心和创造力的时代。

……

让我们在这本书中重新领略先人的科学求索历程，感受他们为发现未知世界而激动的心。让我们通过这本书重新回到童年，再次体验惊奇与追问。让我们陪着孩子们一起，进行一次奇异之旅，让孩子们的好奇心能持续一生。

那将是孩子们的幸运，那将是人类的幸运。

（2002年9月6日，梅地亚中心）

竞争：策划的本质

策划的本质是竞争，是各领域适应不同社会发展时期的竞争谋略。大到国家的博弈，小到产品的市场，策划这个竞争手段不可或缺、无处不在。举凡政治大变局、市场大变化的时期，策划就备受重视。

中国可谓是谋略的鼻祖。春秋战国时期的诸侯争霸，魏、蜀、吴时期的三国竞雄，都出现了策划人才济济、策划活动频繁、奇谋妙计迭出、策划思想极大丰富的局面。《孙子兵法》和《三国演义》这两部至今仍被西方视为瑰宝的策划名著，就是这两个时期策划思想极大丰富的历史写照。

中国的谋略思想已成为世界的共同财富。西方智库、军事学院、企业大都着力研究过中国的谋略思想，尤其是《孙子兵法》，并逐渐建立起一门各国学者热衷研究的学问——现代智谋学。

"中国人开辟的智谋学，是一个既深邃又广袤的天地。"瑞士苏黎世大学著名汉学家、谋略学专家胜雅律以他对《孙子兵法》的理解写成的《智谋》一书，早已被翻译成十几种文字，在西方引发极大震动，成为西方许多政治家、企业家的必读书。

我国台湾企业是当代中国最早将祖先的谋略运用于市场竞争的。而在大陆，策划思想在计划经济时期曾被淡忘了一段时间，到了20世纪80年代中后期，随着改革开放，尤其是社会主义市场经济体制确立之后，策划才开始"复苏"。

20世纪90年代以前，策划咨询更多地被人们理解为为企业提供"点子"之类的服务。国内企业面对刚刚开放的市场显得手足无措，总是试图寻找占领市场的"灵丹妙药"，于是"点子公司"就应运而生。但"点子"毕竟是只注重短期效应的炒作，不能从根本上改变企业的市场格局，与策划有着天壤之别，所以这类公司在昙花一现之后，很快就都销声匿迹了。

1992年以后，跨国公司纷纷进入中国，把现代咨询业也带入了国内。中国企业艳羡跨国公司在中国独步市场的同时，逐渐认识到策划咨询对企业发展的重大作用，并艰难地接受了必须花费巨额咨询费才能寻求改善与突破的现实。

诺贝尔奖获得者、管理决策学派的创始人赫伯特·西蒙，把决策程序划分为情报探索、方案拟定和方案选定三个阶段，并把这三个阶段分别称为参谋活动、设计活动和选择活动，而且认为它们是任何一个完整的决策活动所必需的，都应当加以重视，不能以对某一阶段的倍加重视来弥补对其他阶段的忽视。西蒙所言的参谋活动和设计活动，正是选定活动之前的策划运作过程。

换言之，策划是事件决策和事件计划的先导活动，也是做出具有前瞻性的科学决策的前提。与盲目决策带来的全局性失败——血本无归相比，再高额的策划咨询费也堪称一本万利。但总体来说，咨询策划作为一个行业，在中国还处于成长初期。据中国企业联合会咨询委员会、中国社会科学网2023年联合发布的数据，美国咨询业收入占GDP的2.16%，我国只占0.32%，发展空间巨大。而且，国内咨询行业地理分布呈现出东强西弱、南强北弱的特点。我国社会经济较发达的东部地区，咨询服务占全国咨询服务的90%以上。这也从市场的角度证明，咨询策划对推动社会经济发展的作用是巨大的。

离开央视正式进入咨询策划业时，我其实已进行了20多年的策划实践，并已形成"策划改变命运"的理念：以定位的实现为目标，通过数据分析、资源整合、创意策划，实现无中生有、以小博大、点石成金、四两拨千斤，以最小的代价、最优的路径、最佳的效果实现定位目标。下面的经典案例，进一步验证了这个理念。

第十二章

故宫"发现'中纹'之美":
一字之变带来故宫文化深度溯源

2018年末,故宫博物院、中国紫禁城学会、北京金山办公软件股份有限公司共同发起一场名为"发现中文之美"(初始名为"中文宫略")的活动,意图依托故宫丰富的文化资源,开展一场借助数字化科技的力量展现与传承中华优秀传统文化遗产的大型活动,将故宫艺术品(画作、建筑、服饰等)中包含的中国元素提炼出来,设计成富有中华优秀传统文化特色的中文办公软件,使中华优秀传统文化以数字化的方式进入互联网应用环境,让所有的使用者在日常学习办公中,沉浸式感受、体验中华文化之美,潜移默化、世世代代地传扬中华文明。

"发现中文之美"这一致敬和传扬中华文明的伟大动议,吸引了国内外众多著名的策划机构和团队。但数月下来,预定的启动时间已经迫近,却仍没有一个策划方案能入活动主办方的法眼。

2019年2月26日,我应邀介入。

从"发现中文之美"到"发现'中纹'之美"

了解了此前几个月的工作,我发现,问题的症结在于,"发现中文之美"的"中文"二字,能代表故宫的文书、书法、绘画、经卷、典章,却代表不了建筑、雕塑、家具、器皿、陶瓷、服饰、刺绣……"发现中文之美"这个主题,就像一件尺码太小的童装，无法罩住故宫这个文化的巨人。

找到问题症结的那一刻，现场一片沉寂。究竟如何破局？

我的脑海里，几十年与书为伍的积淀，如壮阔的大海汹涌澎湃，五千年中华文明"如击石火，似闪电光"。俄顷，我提笔在"文"字边加了个偏旁，形成"发现'中纹'之美"，并阐释了以"中纹"作为项目核心创意的构想：将门类众多的文化，推到极致的本源，提取文化构成的DNA元素——符号，再从代表文化起源的"符号"往下伸展，便可呈现中华文化的流变与滥觞。故宫这个文化巨人，便有了一件华彩流溢的盛装。

一周后，我为这个创意写出了完整的阐释。

"发现'中纹'之美"：

中：中国、中华，这里指中华优秀传统文化。

纹：字从糸，从文，文亦声。"文"指图案、花式线条；"糸"指纺织面料。"糸"与"文"联合起来，表示"织有图案的布料"，泛指物体上的线条、花纹或图案。

"纹"者，"文"也，"文"既可以表示纹理，更有文字、文章、文采等意义。《篇海》：凡锦绮黼绣之文皆曰纹。

"中纹"，取"中文"谐音，在本次活动中，用以指中华文化背景下的纹理图案，涵盖中华优秀传统文化中的主要符号元素，包括书法、绘画、建筑、陶瓷、器皿、服饰、刺绣、家具等。

这些符号元素的背后，是博大精深的中华文化。

从狭义上说，"中纹"是对中华文化的符号化抽取，更具视觉化的演绎；从广义上说，"中纹"不仅涵盖具体的视觉符号，更包括这些符号背后的内在的抽象文化脉络和逻辑。

德国哲学家卡西尔认为，整个文化都是人类符号活动的结果，各种文化现象都是以符号形式表示出来的人类经验，人类以符号为媒介来认识外在世界。那么，"中纹"作为一种非语言符号，就是中华民族五千多年文化的积淀，也是解析中华文化的密码。

"中纹"：中华优秀传统文化的密码

就像文字的数字化通过二进制代码得以解决，文化（以书画、雕塑、服饰、家具、建筑等为表现形式）的数字化，也需要找到一个解决方案。

我认为，所有的文化都是由无数的细节构成，这些细节，溯及源头，就是符号！先祖伏羲的"一画开天"，这个"一"，是天地之间的分界，它首先是符号而不是文字。也就是说，先人们首先是以"象形符号"描摹自然，描摹他们看到的世界，才逐步在漫长的岁月中发展出象形文字。符号才是人类认知世界的开端，文化的一切细节，都起源于符号——象形图纹。因此，先有"中纹"，才有"中文"。

符号这个文化源头的"纹"，就像一个文化的密码、按钮，一经按下，便闪现出一个长达千百年的文化流变史。比如"祥云"，它最初源自先民对天象的观察，先民们发现乌云翻滚带来骤风暴雨，使庄稼颗粒无收，而和风细雨往往能带来丰收。于是，那样的云，就被认为是"祥云"。它被口口相传、织入衣裳、刻上家具、绘入画中，经过千年的流变，终于"爬上"了皇帝的龙袍，成为龙袍上的"十二章纹"之一，是帝王们为天下祈求五谷丰登的美好象征。

据百度百科记载，十二章纹又称为十二章、十二纹章，是中国帝制时代的服饰等级标志。

帝王及高级官员礼服上绘绣的十二种纹饰，分别为日、月、星辰、群山、龙、华虫（有时分花和鸟两个章）、宗彝（南宋以前就是一只老虎一只猴子）、藻、火、粉米（晋朝以前是粉和米两个章）、黼、黻等，通称"十二章"，实际上是"十六章"。绘绣有龙纹的九章礼服称为"衮服"。

十二章内涵丰富：日、月、星辰，取其照临之意；山，取其稳重、镇定之意；龙，取其神异、变幻之意；华虫，美丽花朵和虫羽毛五色，甚美，取其有文采之意；宗彝，取供奉、孝养之意；藻，取其洁净之意；火，取其明亮之意；粉米，取粉和米有所养之意；黼，取割断、果断之意；黻，取其辨别、明察、背恶向善之意。

十二章纹的起源可追溯到舜帝时期，后世沿用，到了周代，周公旦制定《周礼》，规定以日、月、星辰三章画于旗帜，衣服上只保留九章纹，以龙为首章而称为"龙衮"。后来秦始皇帝登基，废除章纹制度，祭祀礼服一律为纯黑，称为"袀玄"。直到东汉才再度恢复十二章纹。

从"中文"到"中纹"，一举解决了原命题中的基本矛盾，首次以"中纹"追溯了中华优秀传统文化的源头，命名并串联、囊括了中华优秀传统文化的所有基本元素。基于这个全新的概念，构筑了"发现'中纹'之美——首届中华符号数字化创意设计大赛"，让传统文化与现代科技交汇融合，发起一场以科技手段实现文化传承，引发大众参与、传播与深刻探讨的文化盛会。

中华文明博大精深，厚重、抽象、宏大，乃至有些深奥和神秘。一个人穷其一生，也只能窥其一斑。但如果能掌握其精髓，寻得其规律，或可登堂入室，窥其堂奥。因此，将这种敬畏的感知转换为十指可触、信手可及的感官符号，通过对传统文化的重新演绎（再塑），打通专业创意和大众应用之间的阻隔，建立中华优秀传统文化与目标受众之间的紧密联系，可能就是一条追溯文明源起、理解并传扬中华优秀传统文化的有效路径。

"中纹"带来的关注超过5亿人次

2019年3月28日，活动组委会在故宫举行发布会，由时任故宫博物院院长单霁翔先生揭幕，正式启动了"发现'中纹'之美——首届中华符号数字化创意设计大赛"。"中纹"一词，从此进入汉语词库。

大赛的目标，是通过征集广大设计师对源于故宫"中华符号"的创意设计，将其演绎成具有中华美学理念的现代符号，并建立"中华符号库"，将五千多年的文化沉淀转变为数字化资源永久保存；以故宫文化符号为基础，由北京金山办公软件股份有限公司开发设计"金山办公软件——故宫版"，形成具有中文特色的专属办公软件，成为国人传扬民族文化的数字化载体。

（阿正公司供图）

这场首开中华优秀传统文化数字化伟大进程的声势浩大的活动，赢得了海内外超过5亿人次的参与。众多优秀设计师的设计成果，深入打通了现代人的应用领域和场景，成为2019年度极具影响力的文化事件。实际上，这也是故宫多年来创新展览、创意传播并以文创赢得全民关注以来，第一次对中华优秀传统文化进行深度溯源和永续传扬所做的努力。

人类在生产生活中的很多发现、认知和行为，会在历史演进的过程中逐步沉淀为文化。文化如同魂魄一般，它似乎看不见、摸不着，却真切地存在于我们每个人的身上，构成一个民族的文化特征，成为一个民族的精气神。

（阿正公司供图）

2019年8月29日，组委会举行大赛作品评审会。在故宫宝蕴楼里看到全国众多设计师呕心沥血的精彩作品时，我深为感动：在变化如此之快的世界中，仍然有许多人坚守对文化的热爱、对历史的探究，并到传统中去发现并加以创新运用。这一切努力，必将使中华文化生生不息，使中华民族永葆精气神！

半字之易，一词新创，让我们发现了中华文化的解码路径："中纹"。

遗憾的是，由于种种原因，这项意义非凡的文化工程，只开了个头便戛然而止。但我内心坚定地相信，这扇已开启的大门，一定不会就此关上。遵循着对"中纹"的发现，我们一定能闯出一条中华文化数字化的通途！

（阿正公司供图）

第十三章

烟台文旅：用差异找到胜出机会

近年来，随着中国旅游经济和旅游产业的大发展，旅游发展大会逐渐从"闭门"的工作会议走向"开放"的文旅盛会。2018年3月，随着文化部和国家旅游局合并为"文化和旅游部"，文旅融合成为文化和旅游发展的新趋势，省级旅游发展大会的风格也随之转变，不少省市的旅游发展大会都举办得有声有色。

2021年秋，"阿正极端策划"团队配合烟台市文化和旅游局等部门，精心策划，在旅发大会创新方面进行了大胆突破，将"2021山东省旅游发展大会"打造成一届别开生面、效果显著的旅发大会。

提出关键问题，确立核心价值

我们首先按照"阿正极端策划"的方法论对项目进行了全面的研究分析：对全国各省市的旅发大会进行了系统的了解；对山东省首届旅发大会进行了细致的回顾和研究；对举办城市烟台的历史文化进行了深度的解析；对烟台已有的准备工作进行了逐一评析。我们认为，全国各省市的旅发大会有一个很大的相似点，就是站在政府立场、由政府主导的痕迹较浓厚，如果从创意策划、市场传播、产业推进等角度进行适当的提升，将产生更好的效果。

我们认为，烟台作为承办城市，除要完成旅发大会必要的"规定动作"外，更重要的是如何利用省级大会这个契机，把承办城市的优势传播出去，把公众的

目光吸引过来。

于是，我们放开手脚，跳出"省旅游发展大会"的既定思维，立足承办城市，从本源思考问题，并提出了关键问题：

烟台是谁？烟台应当成为谁？

作为中国众多沿海城市中的一员，烟台如何在人们心中形成鲜明认知？

如何看待烟台的文旅产业发展和城市形象问题？

如何看待烟台未来的增量客源问题？

如何提升"2021山东省旅游发展大会"带给承办城市的长尾效应？

……

这些问题看起来与旅发大会没有直接联系，但这些问题是基础，只有从根源上厘清，才有可能确立烟台城市的核心价值，才有可能使旅发大会言之有物，传播上有的放矢。换言之，烟台要借助旅发大会传递什么，一方面要清晰地表明"我是谁""我有什么"；另一方面要站在全省乃至全国文旅市场中，确立"我应该是谁""我有哪些其他城市不具备的价值"。

在这个维度下，只有文化才堪称核心价值的最大要素。这也是我常说的：文化是文旅项目的终极竞争力。

公众对烟台的鲜明认知是海滨城市。但中国海滨文旅名城众多，要跳脱出来，吸引世人更多的关注，必须极力寻找烟台城市文化的核心价值。

"舍九取一"：八仙才是烟台真正的"仙"

在我们看来，烟台有什么，是自我评定方式；烟台应当有什么，才是市场评定方式。因此，符合这一条件的，就是烟台的仙道文化。

烟台的仙道文化极为丰富，主要由伏羲、女娲、秦始皇、汉武帝、徐福、道教全真道、八仙等为主体构成。在城市文化和城市形象战略的项目中，这样的"文化资源富集区"往往是最难应对的，因为对于城市管理者来说，任何割舍都会让他们心痛不已。但"舍"又是"得"的前提。在烟台仙道文化的众多历史资源中，我们必须"舍九取一"！

如何"舍"？我们发现，烟台一系列仙道文化的概念里，包含大量全民族共享的文化资源，必须一一厘清并做出取舍。

首先是伏羲、女娲。他们都是中国有文献记载的最早的创世之神，是华夏民族人文始祖，是属于全民族的，烟台很难把他们"据为己有"。

其次是秦始皇和汉武帝。这两位都是中国历史上最负盛名的帝王，极大地影响了中国历史的发展脉络。他们彪炳千秋的丰功伟绩，都与烟台无关。他们和烟台最大的联系，就是寻仙问药求长生。而与他们相关的求仙问道传说，也早被河北秦皇岛、山东青岛（"琅琊台"）等其他城市占了位。

接着就是徐福。徐福上书秦始皇，说海中有蓬莱、方丈、瀛洲三座神山，这三座山里都有神仙居住。秦始皇便派徐福携童男女数千人入海求仙，徐福未能找到神仙，后来就神秘失踪了。其人建言、受命而背信弃义，也不足以作为正面代表。

烟台是全真道的发源地。但道教以炼丹、食饵、求长生为主，主要是个体行为，顶多是小众行为，在社会层面的影响并不是很大，也不足以形成对文旅市场的普遍号召力。

全面梳理下来，我们发现，在烟台的仙道文化体系中，专属于烟台的，有全真道、八仙。而能构成核心价值点、可能对市场形成重大影响力的，唯有"八仙"！

牢牢把握文化核心支点：将八仙文化进行到底

因此，我们认为，这届在烟台召开的山东省旅游发展大会，在文化方面，重点就是要做好八仙的文章！

（孙茂俊 摄）

（张丹枫 摄）

中华优秀传统文化博大精深，神话不但宏博，而且形成体系。在中国民间神话系统里，有九大上位神和四大下位神，而这其中，关圣帝君、八仙无疑是最接地气的。因为，他们与许多神仙不同，均"来自人间"。在中华优秀传统文化中，最受世人推崇的，是为社会做出贡献的人，公众因为他们品格高洁及救苦救难的善行而奉其为神。

概括来说，八仙具有以下几方面特点，其一，八仙的"原型"，是来自民间的人物，虽然只是传说，但反映的是民众对美好的向往。其二，八仙有人间烟火气息。八仙并不是完美无缺的人，分别代表男、女、老、幼、富、贵、贫、贱，是红尘世界、芸芸众生的一个缩影。其三，八仙各有弱点，因而真实，比如汉钟离祖胸露乳、吕洞宾个性轻佻、铁拐李酗酒成性等。这样的形象有人间烟火气息，接地气，老百姓对这样的人物，有天然的亲切感、信赖感。其四，八仙有神通广大的本领。八仙经过长期的历练，各自修得神通，个个有看家本领，符合公众对神仙和英雄的预期，他们赢得世人的景仰，也因此产生了独特的精神号召力。其五，八仙有超越世俗的道德高度。八仙成就后，没有谋一己之私，而是无惧强权、维护正义，赢得万民景仰。

八仙符合深受世人爱戴的神仙规律，拥有接地气的特质，拥有神奇的本领和正面的形象，还有流传甚广的神话故事，具备一切成功的要素，因此我们认为，只有紧紧围绕八仙文化，才能形成真正的文化差异。而所谓的文化差异，正是胜出的最大机会！

经过以上分析，我们提出将山东省旅游发展大会规定动作外的所有活动，都严格围绕八仙主题建构、实施和传播。在这个思路得到烟台方面的高度认同和积极回应后，我们以聚焦八仙文化为核心进行了一系列创意策划，协助烟台市文化和旅游局先后推出了一系列活动。

"八仙代言八鲜"：烟台有八仙，同时有水果、海鲜在内的八种"鲜"，将八仙与"八鲜"对应，让八仙代言烟台物产"八鲜"，再以八鲜代言烟台文旅。不仅令人耳目一新，而且具有鲜明的指向性。

"烟台'八仙'文化创意金点子征集活动"：构建了一个以"八仙文化"为主题，囊括八仙文化推广语、创意营销活动、视觉传达设计、动漫作品、文艺作品、文创设计创意、短视频、创意美食8个维度的征集活动，全面涉及与八仙形成关联而又能对城市文旅形象进行提升的方方面面。

"着汉服、游仙境——以汉服代言烟台文旅":汉服作为国潮的符号,与八仙同属传统文化的精髓,对于与会者和游客来说,着汉服也是一种令人耳目一新的体验。

"烟台特色资源网络评选":立足烟台八仙文化,通过网络评选,以带动烟台特色资源联动为目标展开活动。

在上述活动推动下,这次大会形成诸多特色:在承办全省旅游发展大会的过程中,找到城市自身的文化核心支撑,并借大会进行广泛传播;紧紧围绕文化核心价值点,形成传播中的聚焦效应,让公众对烟台有了更鲜明的认知;以文化核心支撑点为中心,构建大会整体活动体系,博而不杂,约而不漏,主题突出而又丰富多彩;从市场竞争环境、受众研究、传播规律等角度倒推出整体策略思路,以及严格基于策略思路构建的大会活动体系,使这一场由政府主导的大会,有了市民及各地公众的广泛参与,成为一场真正意义上的文旅嘉年华,政府、市民、游客、媒体、商家、企业都有很大的收获。

文化也是硬实力:可观的效益

这一系列活动取得了非常好的传播效果。截至2021年9月26日,关于"2021山东省旅游发展大会"的热度,百度收入近1800万条,Facebook(脸书)、Twitter(推特)等平台助推2000多次,覆盖海外网友20多万人次,这个数据是相当可观的。

从实际拉动旅游的角度看,据烟台市文化和旅游局统计:在2021年"十一"

长假期间，烟台市重点监测的23家景区，累计接待游客200多万人次，营业收入超过2亿元，与2019年同期相比，分别增长51.11%、41.46%，与2020年同期相比，分别增长64.14%、53.27%。在2021年受疫情影响的情况下，这个数据可谓相当喜人。

烟台与青岛的两组数据对比也证明了旅游发展大会的成功：2021年"五一"小长假期间，烟台21家监测景区共接待游客131.68万人次，青岛72家监测景区共接待游客224.57万人次。而旅游发展大会举办后的"十一"长假期间，烟台21家监测景区共接待游客214.37万人次，青岛72家监测景区共接待游客276.84万人次。由此可见，烟台与青岛的差距大幅缩小。

当今社会的发展堪称日新月异、一日千里，新风口、新概念、新趋势层出不穷、此起彼伏。在这样的发展大潮中，唯有文化的价值是永恒的。

第十四章

漳墩小白茶：从无到有打造国家地理标志品牌

许多人把策划当成"出点子"，以为拍脑门儿就能解决问题。这实际上是没有看清策略的实质。下面，我将重点截取我们为"小白茶发源地"这个地理标志品牌所做的策划方案中的历史溯源、文化考据部分，不厌其详地呈现策划的实质：它是以多学科的知识为背景、以求异思维为特征开展的一项艰辛、漫长、烦琐而又充满创意和快乐的工作。

（阿正公司供图）

中国白茶市场风起云涌之际，福建建阳漳墩镇邀请我们为漳墩小白茶提供品牌策划服务，意图确立其"中国小白茶发源地"的历史地位，打造国家地理标志品牌。

这项任务的第一个难题，就是这个镇的经济基础十分薄弱，是个畲族贫困镇，能承担的费用极其有限。但这是我的家乡建阳区的一个镇，镇长陈莉娜女士是我的老朋友，她才华出众，一心一意要带领全镇乡亲脱贫致富。振兴白茶产业就是最重要的途径。

阿正策划机构高层反复商讨后，决定以"扶贫"项目立项，为我的家乡尽一份力。

差异化定位与标识设计

我们首先解决的是产品的区隔定位：通过对中国六大茶类的研究，对每个类别的代表性品牌进行深入剖析，尤其是对白茶市场业已基本定局的市场态势进行研究，确定漳墩白茶要形成突破，就必须发掘小白茶的价值，其中的核心要素在于一个"小"字。

区隔定位确立后，我们创意设计的"漳墩小白茶"LOGO，巧妙地将"小白茶"三个字构思成非常鲜明的品牌形象，识别度和记忆点非常突出，大有令人过目不忘之效。这个标识，将作为镇政府的品牌资产，对相关茶农、茶企的使用规范也做了规定。

然而，在福鼎占据"白茶之乡"的先发优势，福鼎白茶已成为中国国家地理标志产品的前提下，上述差异化定位和标识设计并不能形成快速的产业突破。要形成漳墩小白茶的强大影响力，必须通过系统的策划与翔实的论证，证明漳墩是宋代"贡茶"产地、"中国小白茶发源地"，从而确立地理标志品牌形象，一举提升它的价值，使之成为当地经济发展的强劲引擎。

我们接受任务时是2018年，当时中国的白茶市场已经形成一定的规模与格局，而无论是作为白茶产区的漳墩，还是小白茶的品类，均未被市场广泛认知——在过去的千百年时间里，漳墩一直是各种"贡茶""国茶"的原料供应地！要说"冤"，这个小镇真是"比窦娥还冤"！漳墩作为白茶尤其是小白茶品类的扛鼎之作，几乎从未分享到历史的荣耀与当代市场的滚滚红利。

建立证据链：多维度佐证"中国小白茶发源地"

这个局面，从表面看是推广不足的问题，而实际上，根源在于漳墩作为"贡茶"产地、"小白茶发源地"的历史地位未经系统严谨的论证。对国家地理标志产品的确立而言，仅依据现代茶界泰斗张天福先生的"先有小白，后有大白，再有水仙白"的观点是远远不够的。

正如孔子所言："名不正，则言不顺；言不顺，则事不成。"只有通过对历史文献的周密考证，真正确立漳墩"贡茶"产地、"小白茶发源地"的地位，方可毫无障碍地进行广而告之，也才有可能在大传播中将漳墩的产地效应发扬光大，从根本上解决漳墩小白茶开拓市场、打造认知所遇到的难题，从而摆脱永远被当成"原料产地"、缺乏品牌效应的境地。

这是一项极其艰难的工作：中国古代重要史籍的记载，基本仅到县域，一个乡镇，在浩瀚的历史上，能有几许雪泥鸿爪？我这个历史专业出身的人，深知铁证必定难觅，前路必然坎坷。为了提高史籍检索效率，阿正策划机构专门招聘了一个曾在院校图书馆担任过负责人的干将，作为我的助手。

本案的艰巨任务，就是从浩如烟海的历史文献中寻找有章可循的信息，抽丝剥茧，去伪存真，梳理串联，形成主要证据。同时，还要结合流传至今的茶具、茶艺等元素，丰富"旁证"，最终形成"漳墩=小白茶发源地"的完整证据链。

基于此，我们决定从多个维度进行佐证：

从历史（记载）和脉络上，找到漳墩小白茶的起源；

从文化上，找到漳墩小白茶得以登堂入室的依据；

从产区上，确立漳墩是小白茶名副其实的发源地；

从产量上，找到漳墩白茶占据全国白茶半壁江山的依据；

从产业关联上，找到整个品茶文化完整拼图的依据；

……

这是一个艰难而又繁复的过程。但一旦诸多方向均有明确的指向，"漳墩=小白茶发源地"的证据链便将形成。

为此，我们深入挖掘漳墩和贡茶小白茶相关的史料，极其艰辛地进行了17项历史史实的考证和7项历史旁证的搜集（具体内容见附录）。

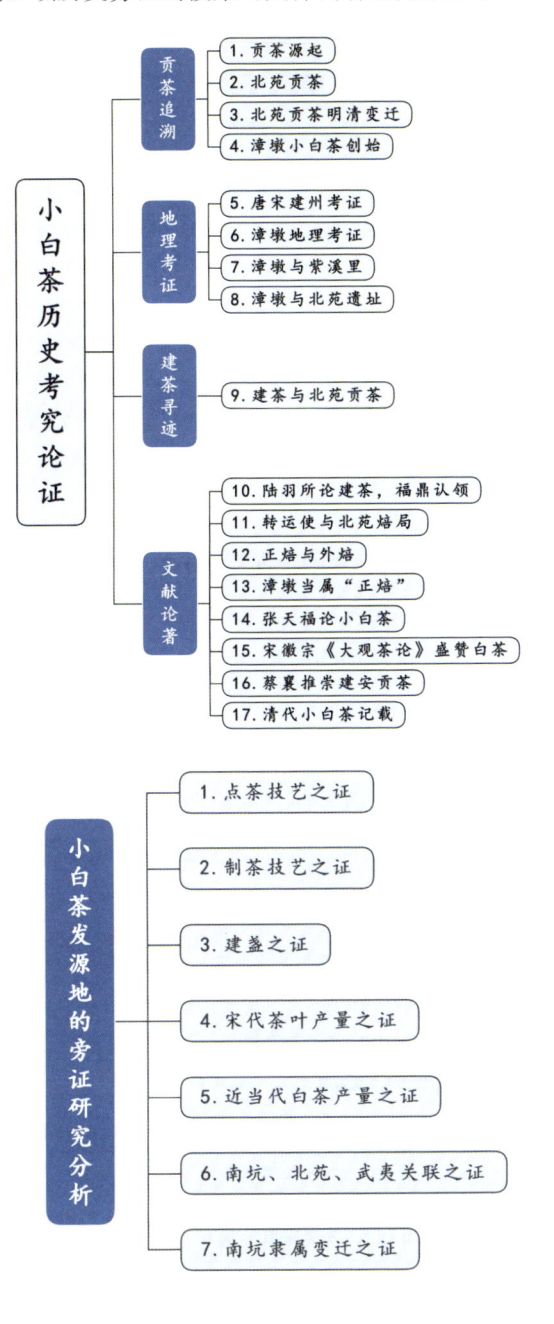

小白茶历史考究论证

- 贡茶追溯
  1. 贡茶源起
  2. 北苑贡茶
  3. 北苑贡茶明清变迁
  4. 漳墩小白茶创始

- 地理考证
  5. 唐宋建州考证
  6. 漳墩地理考证
  7. 漳墩与紫溪里
  8. 漳墩与北苑遗址

- 建茶寻迹
  9. 建茶与北苑贡茶

- 文献论著
  10. 陆羽所论建茶，福鼎认领
  11. 转运使与北苑焙局
  12. 正焙与外焙
  13. 漳墩当属"正焙"
  14. 张天福论小白茶
  15. 宋徽宗《大观茶论》盛赞白茶
  16. 蔡襄推崇建安贡茶
  17. 清代小白茶记载

小白茶发源地的旁证研究分析

1. 点茶技艺之证
2. 制茶技艺之证
3. 建盏之证
4. 宋代茶叶产量之证
5. 近当代白茶产量之证
6. 南坑、北苑、武夷关联之证
7. 南坑隶属变迁之证

通过考证，最终我们以"五新"策略奠定了漳墩小白茶的历史地位！

新视角：敬重关于贡茶的历史记载，拥戴北苑贡茶的历史地位。以历史上区划的归属，共享"北苑贡茶"的历史背书。

新发现：提出贡茶（龙团凤饼）的"监制地"与"原材料供应地"的概念，确立漳墩白茶的历史地位。

新定义：将"清代肖氏创制小白茶"定义为"现代小白茶始祖"。

新佐证：以点茶技艺复苏于漳墩、斗茶茶具发明生产于漳墩"邻镇"水吉，佐证其地位。

新支撑：以历史上的小白茶产量支撑漳墩在中国白茶生产历史上的地位。

持续发力，才能打赢市场认知战

当然，在成熟的市场竞争环境中，尤其是在福鼎确立了白茶品类领导地位的前提下，漳墩依靠"小白茶发源地"之名，尽管可以洗脱"千年的冤屈"，确立本该属于自己的"血统"和地位，但并不意味着它一定能够在市场竞争中一举胜出——中国数不胜数的老字号品牌，屡屡受困于现实冷酷的市场环境，即可见一斑。

所以，"漳墩小白茶"的溯源，只是其迈向市场竞争的第一步，也是其未来立足于市场的基础。如何打赢市场的认知战，让消费者认同漳墩小白茶是"更好的白茶"，还需要品牌营销的策划和持续的努力。

但无论如何，我们不厌其详的史实考证和旁证分析、匠心独运的策划，已为之建立了一个庞大、系统的证据链，使它的地理标志品牌得以确立，从此无惧质疑，名正言顺地以"小白茶发源地"的名号行遍天下。此后，无论从哪个角度入手，都能游刃有余了。

与众多的商业策划者相比，我更喜爱文化历史领域的相关策划：从追溯历史中寻求突破，从文化创新中彰显价值。南极、故宫、朱子、阳明、泰山、昆仑、八仙、客家文化、彝族文化、小白茶发源地……我认为，无论是关乎国家利益的大策划，还是推动社会不同领域发展的各类项目，都必须秉持坚定的文化信念、长期的文化追求，始终致力让文化成为"硬实力"，才能实现社会效益和经济效益的双重提升。

这一切，无疑需要一份面对市场大潮的淡定与从容。

第十五章

"新长城——特困大学生自强项目"：
理念创新与价值支点重构

2003年6月初，中国扶贫基金会的几位领导来到央视，就"新长城"工程的传播策划，向各频道的数十位知名策划人寻求支持。

中国扶贫基金会成立于1989年，是由国务院扶贫办（于2021年2月更名为国家乡村振兴局）主管的全国性扶贫公益组织，其规模大、影响力强，是一家获评全国最高等级的5A级基金会。2022年6月，中国扶贫基金会改名为"中国乡村发展基金会"，持续帮扶事业，截至2022年年底，累计接受社会各界捐赠资金和物资103.36亿元，贫困地区和灾区群众共6659.68万人次受益。

针对许多贫困家庭的孩子考上大学却因经济困难屡屡放弃升学机会的现象，中国扶贫基金会于2002年发起了"新长城"大学生资助项目：以"传递社会关爱，锻造自强之才"为宗旨，以培养自立、自强人才为最终目标，帮助特困大学生完成学业，培养特困大学生完善健全的人格素质，引导大学生成长成才并回报社会，弘扬社会公益文化，促进社会公平，促进社会和谐。

这真是功德无量！领导们介绍的贫困大学生家庭情况引起与会者深深的忧虑，大家纷纷献计献策，希望能为这些历尽艰辛获得上大学资格的孩子出一份力，帮助他们完成命运的转折、实现人生的梦想。

理念创新：贫困生不是弱者，而是求学楷模

（阿正供图）

中国扶贫基金会的领导介绍说，多年来，一直有不少社会爱心人士关注并捐助贫困生，各大学也为贫困生创造了一些勤工俭学的机会。但一些贫困生不愿意参与打扫校区、食堂、厕所卫生等勤工俭学活动，觉得干这些活儿会让他们抬不起头。个别没有生活费的孩子，宁愿"破帽遮颜"冲进食堂，搜寻别人没吃完的馒头充饥。一些捐助贫困生的企业主，还会在聚会时叫上捐助对象，向出席者介绍"这是我资助的学生"，这也让贫困大学生感到尴尬和自卑……

听着听着，我敏感地发现，在公益慈善、爱心助学活动中，所有人都聚焦于捐助出资人，为他们的善举喝彩，被捐助者却基本被忽视了：他们的自尊心无处安放！在捐助现场，常常是捐助者面前堆着高高的人民币，被捐助者低着头接过捐款匆匆而去。"新长城——特困大学生自强项目"需要让特困大学生真正地从内心自强起来！

我激动地指出，这些在贫瘠的土地上成长起来的孩子，不应该被当成弱者，应该被视为"求学楷模"！他们在教育资源落后的地区上学，一些孩子课余可能还要放羊、喂猪、种地，他们怀抱改变命运的理想，在昏暗的灯光下坚持苦读，终于获得了上大学的机会，他们就是人生的强者，是求学的楷模。社会各界投向他们的目光，不应该是怜悯，而应该是敬佩！

中国社会经济的发展、企业的兴旺、企业家的荣耀，一要感谢改革开放的基本国策，二要感谢科技的进步和市场的繁荣，三要感谢这个社会为他们输出了源源不断的人才。在很多优秀的企业家看来，捐资助学是他们对这个社会的真诚回馈，是一种良知、责任和担当，甚至有的企业家把捐资助学当成自己应尽的本分！因此，我们应该对捐助出资人和被捐助者进行更为精准的定位，解决慈善公益中普遍存在的理念问题，让中华优秀传统文化精神得以传承与回归。

这一席即兴发言燃爆会场，赢得持久的掌声。对捐助者与被捐助者的社会价

值、社会形象的定位重构，为彻底改变公益助学的理念打开了一扇大门！

重构项目价值支点："因为你自强，所以我资助"

会后，中国扶贫基金会的领导盛邀我参与"新长城"助学项目的策划与传播。而我也热情高昂地表示，将放弃一切劳务报酬，将业余时间全情投入。

几天后，中国扶贫基金会聘请我担任项目总体策划，以新的理念重构项目价值支点，向社会传递新的慈善公益、捐资助学理念。中国扶贫基金会副会长兼秘书长何道峰先生向我颁发了聘书。

（阿正供图）

2003年6月30日，我在中国扶贫基金会专业人员的配合下，提交了《中国扶贫基金会"新长城"助学行动暨"8·29"首届大学生关爱日策划报告》，全面阐述了主题、核心目标、内容设计，确立了传播主旨，将贫困大学生定位为自强者——求学楷模，强调"贫困不可耻，困难不足畏""因为你自强，所以我资助""自强者，人助之"。

同年7月3日，中国扶贫基金会、中央电视台、中国都市报研究会、中国长城学会及20余家都市报相关代表在北京召开了"大学生关爱日都市报行动座谈会"。会议决定以"关注10001个人的命运"为主题，启动"8·29首届大学生关爱日"活动，到会单位签署了"关爱特困大学生，共铸时代'新长城'"联合倡议书。

我受中国扶贫基金会领导委托，在会上阐述了新的理念和项目价值支点重构的过程，介绍了"一个征文、两个联动、三个报道、四个内容"的整体传播方案，呼吁各媒体运用传播的力量，动员社会各界广泛参与，共襄盛举。

一份催人泪下的募捐倡议书

同日，中国扶贫基金会在各大媒体发布了由我执笔的募捐倡议书：

贫寒子弟通过求学改变命运，是中国平等竞争、人尽其才的一个千年传统。无数寒门子弟在贫瘠的土地上顽强生长，奋力求学求知，不但改变了自身的命运，也改善着我们这个社会的人口素质，而且，他们中的很多人构成了中华民族的脊梁，而对这些人才的挖掘和拯救，将会深刻地影响到中华民族的现在与未来。现在，贫困仍然是寒门子弟进入大学的最大障碍。去年，有一个南方孩子收到了大学录取通知书，他无助地望着被一场无情的大火烧掉的他赖以上学的甘蔗林，望着卧病在床的母亲，望着无助的父亲，悄悄地将入学的日子改为"32日"——一个永远也不会来临的日子。他用自己的泪水，浇灭了自己的希望，而他的心，将痛楚一生。

现在，又有一批争气的寒门子弟站在大学的门口！他们历尽艰辛，终于走进了神圣的科学殿堂。国家正在全力帮助他们，通过助学贷款、奖学金、困难补助、助学金、减免学费等一系列方法，决心不让任何一个孩子因为学费而辍学。但是，由于人数太多和费用过高，国家解决不了全部问题，仍然有许多孩子凑不齐学费与生活费。为了动员全社会力量帮助贫困大学生，在国务院扶贫办、教育部的大力支持下，中国扶贫基金会于2002年启动了"新长城——特困大学生自强项目"，首批帮助近千名特困大学生步入了大学。

今年，中国扶贫基金会决定扩大资助范围，从全国范围内遴选了10001名品学兼优的特困毕业生，他们中有的是孤儿，有的来自单亲家庭，有的因父母下岗、失业、生病而陷入贫困。他们在艰难的求学路上走过了12年，因为他们相信，读大学可以改变他们的命运，可以改变他们父辈的生存方式，可以为祖国的建设贡献一分力量！他们瘦弱的肩上，承载着父兄的期望，几代人的梦想。可是，他们也许不得不将梦想扼杀！正如一位资助人所说的：贫穷是最可怕的禁锢，它没有铁窗，没有狱墙，但它锁住了孩子们的梦想、雄心和希望……

现在，他们跨过了12年的艰辛，站在了大学的门口，他们的眼里，闪动着希冀的光芒，他们的心里，充满着瑰丽的梦想。让我们伸出手来帮助他们吧！帮助他们走进那扇大门，让他们能够去编织梦的翅膀，能够翱翔在蔚蓝的天空……

昨天，先辈用砖瓦、血汗、意志筑造万里长城；今天，我们用关爱、知识、人才共铸时代新长城。

新长城的铸就需要全社会的关爱，需要大学生的努力、政府的支持、媒体的介入、公益组织的参与。让我们共同参与、同心同德、众志成城，再铸中华民族伟大复兴梦想的新长城！

倡议书引发了巨大反响。那个"望着卧病在床的母亲，望着无助的父亲，悄悄地将入学的日子改为'32日'——一个永远也不会来临的日子"的少年，"他用自己的泪水，浇灭了自己的希望，而他的心，将痛楚一生"的真实故事，催人泪下！社会各界踊跃捐资助学，项目获得巨大成功。

2006年9月6日，由中国社会工作协会（现已更名为"中国社会工作联合会"）、中国红十字总会、中华慈善总会等发起的"社会公益示范工程"评选表彰活动在人民大会堂举行，"新长城——特困大学生自强项目"被评为全国"十佳示范项目"，位列第三。

高层级的大型活动，一经启动，其主旨、定位便不宜轻易变动。在不改变主旨、定位的前提下，唯有通过深度解析、精准策划，深层解决核心问题，才能不断完善，实现整体目标。"新长城——特困大学生自强项目"是在国务院扶贫办及教育部的大力支持下，于2002年9月1日在人民大会堂正式启动的，其严肃性毋庸置疑，主旨、定位也不容改变。从某种意义上说，这个项目后来的巨大成功，与全社会将贫困生视为"求学楷模"的理念创新是有一定关联的。

第十六章

中国国际青少年动漫周：
城市动漫大潮中的差异化策划

从2007年到2020年，新冠疫情发生前，"中国国际青少年动漫周"在冰城哈尔滨连续举办了十三届，成为中国动漫领域持续时间较长的一项品牌活动。

（阿正供图）

"中国国际青少年动漫周"的举办，源于一场席卷全国的中国动漫追赶大潮。

动漫是动画和漫画的合称与缩写。随着现代传媒技术的发展，动画和漫画（特别是故事性漫画）之间的联系日趋紧密，两者常被合称为"动漫"，如动漫爱好者、动漫展览会、动漫产业等。在日本，动漫十分流行，已成为一种文化时尚、一个大产业，影响巨大。

詹姆斯·斯图尔特·布莱克顿（James Stuart Blackton）于1906年制作的动画片《滑稽脸的幽默相》被誉为动画历史上第一部真正的动画片，他因此被称为"美国动画之父"。中国动漫同样始于动画。1926年，中国第一部动画片《大闹画室》，开启了中国动画史。20世纪40年代，万氏兄弟创作的中国第一部动画长片《铁扇公主》，发行到东南亚和日本地区，受到人们热烈欢迎。20世纪五六十年代，中国动画片迎来了第一个高潮：1953年拍摄了中国第一部彩色木偶片《小小英雄》；1954年的木偶片《小梅的梦》里，真人和木偶第一次同时出现在一部片子里；1955年的木偶片《神笔》，在国际上获得儿童娱乐片一等奖，这是中国美术片第一次在国际上获奖；1960年，令全世界惊叹的"水墨动画"横空出世，代表作《小蝌蚪找妈妈》《牧笛》都在国内外获得极高的评价，而且获得多个国内外奖项。1961—1964年中国动画的巅峰之作《大闹天宫》更是产生了重大的国际影响。20世纪70年代以后，尤其是1985年后，随着国外动画公司大举进入中国，中国动画除《哪吒闹海》《葫芦兄弟》《宝莲灯》等几部精品外，整体式微。大量引进的动漫影视，让中国动画无力招架。

眼见美日动漫风靡，完全"俘虏"了年青一代，各界纷纷呼吁国家培养自己的动漫创作者。但在那个年代，西风东渐，年轻的动漫创作者走的基本都是追随模仿的路线，差距遥遥。21世纪初，经文化界反复呼吁，各地政府纷纷举办动漫节、动漫展，急起直追。杭州市更是以打造"动漫之都"为城市文化战略之一。2005年到2023年，杭州连续举办了19届"中国国际动漫节"，成为中国最具影响力的动漫之城。

差异化定位策划：助力哈尔滨急起直追

美丽的北国冰城哈尔滨，同样想在动漫领域有所作为。但在这一时期，国内各地蜂拥而上，各种动漫活动遍地开花，北京、上海、广州、深圳、天津、重庆、成都、南京，举凡一线、二线城市，都不甘人后。哈尔滨如何在这样的竞争态势中找到一个恰当的入口？

受邀担任总体策划的我们，对全国林林总总的动漫活动进行了全方位的调研，重点对一线、二线城市近3年的各种动漫比赛、展览、博览会等进行对比分析，从城市形象、市场营销和媒体传播等多重角度进行思考，力图在全国已有的动漫市场中寻找空白点、切入点。

几经研讨，结合中国国际青少年动漫周主办方、承办方的各项资源配置，我们提出了差异化的策划要点。

突出政府背景：主办方包括教育部下属的中国教育国际交流协会、中央电化教育馆。

突出教育主题：主办方教育部、承办方哈尔滨工大集团的教育属性。

目标人群：聚焦青少年一代。

远期目标：着重于人才培养，成为中国动漫人才的"蓄水池"。

动漫教育切入点：中小学生基础教育。

合作平台：吸纳知名高校、企业，以及与动漫产业相关机构参与。

盈利预期：以可持续的品牌化经营，先谋城市品牌效益，再谋经济效益。

命名差异：区别于全国各地的"节""展""博览会""艺术节"，以"中国国际青少年动漫周"命名。"周"的时间属性更具包容性，可以涵盖所有活动概念。

时间差异：将每年8月的第一周指定为动漫周，既为参加活动的师生留出了一个月的准备时间，又为他们留出了活动之后总结提高的时间；同时将活动时间固定，有利于加强品牌概念的形成，将品牌标准化。

目标设定：打造中国动漫人才"蓄水池"

在上述差异化策划的要点下，我们根据主办方的初始意图，提出了开展这一活动的"五大目的"：

①普及动漫基础知识，将动漫教育纳入中小学教育，全面提高中小学信息化教育水平，有效提高中小学生及广大青少年的素养、创新精神及实践能力；丰富与活跃校园文化生活，深化素质教育，提高学生的人文素养、审美情操。

②推进基础动漫教育课程实验的进程，体现动漫、科技、人文相结合的要求，提高师生跨学科创作的综合能力；推进教育信息化发展，树立千所实验学校动漫教育的先进性、示范性，提高动漫基础教育在社会上的影响力。

③结合课堂教学，引导学生关注校园、家庭、社区、社会现象，表现健康主题；以正确的教育导向弘扬中华优秀传统文化，大力发展具有中国本土特色的原创动漫，提升学生的文化艺术品位。

④加强动漫国际交流，培养动漫制作人才，推进动漫产业发展，进行可持续品牌化经营，使1000万中小学生都能接受动漫教育，从而切切实实地为中国动漫产业的发展做出贡献。

⑤鉴于中国国际青少年动漫周是首届启动，意义重大，首先实现对动漫人才计划进入中小学的总动员，为今后举办系列大型活动做一次预演，向专业院校推荐优秀人才做储备。

活动举办：形式多样，精彩纷呈

2007年6月12日，中国教育国际交流协会、中央电化教育馆、中国教育学会、哈尔滨市人民政府在北京人民大会堂联合召开"中国国际青少年动漫周"新闻发布会，宣布动漫周将于8月18日在哈尔滨市开幕。主办方领导指出，这是为实施中国国际动漫人才培养计划推出的首届高规格的国际动漫盛会，该计划旨在运用教育系统的资源和力量，打造"国"字头的动漫活动品牌，使之成为中国动漫人才的一座"蓄水池"。

承办方哈尔滨工大集团、中国国际动漫人才培养计划组委会相继在大会上发言。我作为动漫周总策划，做了策划总体报告，详尽介绍了动漫周整体计划。

2007年8月18日，首届中国国际青少年动漫周在哈尔滨市如期开幕，并于22日圆满落幕，教育部、中央电化教育馆、中国国际动漫人才培养计划组委会及哈尔滨市有关方面负责人出席闭幕式并为花车巡游活动获奖单位和青少年漫画大赛获奖个人颁奖。

动漫周期间，各项活动高潮迭起，动漫花车巡游吸引百万市民观赏；教育创新国际论坛体现了动漫周的内涵和档次，全国各级教育行政部门的负责人、校长和国内外动漫专家、学者以及动漫产业界人士，共商动漫人才培养与动漫产业发展大计；国际动漫乐园奠基，标志着哈尔滨市将为广大青少年和动漫爱好者提供一个交流和发展的空间；千米长卷绘画活动吸引了2000余名青少年参加，充分展示了哈尔滨市青少年的青春风采；动漫少年太阳岛寻宝和游冰城活动，充分展示了哈尔滨的美景。

到2020年新冠疫情发生前，中国国际青少年动漫周已成功举办了十三届。首届大会策划中确立的差异定位策略，使哈尔滨市在中国众多城市的动漫大潮中占据了一个独特的位置。

第十七章

金海集团：重构品牌矩阵与升级品牌

2016年秋，好友罗石林先生打来电话，推荐我为湖南金海集团有限公司（简称"金海集团"）做品牌咨询服务。我放下电话赶到北京湖南大厦，见到了董事长曾勇。短短一席攀谈，甚是投缘。到企业考察时，我发现，这家企业有一种不同寻常的气质。经了解，原来曾总是军人出身，还是中国对越自卫反击战的"一级战斗英雄"，是一个忠肝义胆的血性汉子！

这让我肃然起敬。我暗下决心，要带领团队竭尽全力，让战斗英雄的钢铁事业更加辉煌！

（金海集团供图）

曾总转业后不久就辞职下海，于1999年创办了金海公司。选择钢结构作为创业方向，是曾总富有战略眼光的决策。他发现，装配式钢结构建筑因其具有绿色环保、稳固抗震的特点，深受世界主要发达国家喜爱。发达国家的装配式建筑早已发展到了相对成熟、完善的阶段，装配式建筑已成为建筑的首选形式。21世纪前后，欧美各主要强国的钢结构建筑占比已达到七成左右，而中国刚刚开始，钢结构建筑占比仅有5%，多集中于办公楼、学校等公共建筑，钢结构住宅占比更低。对比发达国家的钢结构应用比例，中国存在巨大的市场空间。

看到中外钢结构产业发展的巨大差距，曾总敏锐地抓住了这个产业方向，从手工作坊开始起步，不断发展，截至2017年，金海公司已发展为湖南最大的钢结构企业，曾总也荣任中国建筑金属结构协会建筑钢结构分会副主任，在行业领域产生了很大的影响力。

（金海集团供图）

事业初成，曾总就在公益慈善方面表现出极大的热情：架桥、修路、助学、济困、敬老……始终不忘回馈社会。2017年4月，新化县苍溪中学新教学楼和宿舍楼落成，曾总把这次捐建视为企业创立18周年的最好纪念。

战略目标：做行业第二阵营里的第一

金海公司创办18周年前夕，曾总提出要对企业发展战略进行重新定位、对品牌体系等进行全面升级。

此前，由于金海公司承建的湘潭昭华大桥、长沙湘府路高架桥等项目取得很大成功，得到了部委领导、行业领导的高度好评，还获了奖，企业有关部门向曾总提交了新的发展计划：未来将拓展国际跨海钢结构桥梁业务，以此为目标，走出湖南，在全国乃至世界钢结构市场上占据一席之地。

面对这份雄心勃勃的战略转型计划，冷静沉着的曾总迟迟没有推进。他到北京，正是想寻找咨询机构来帮助解决这个问题，借助外脑来统一企业领导层的思路。

这是我们团队第一次接触钢结构企业。接受任务后，我们必须在最短的时间内成为"业内人士"。所以，在前去考察之前，我们团队便开始了紧张的钢结构"扫盲"工作。

其实，对于一家有专业积累的品牌咨询机构来说，为任何行业做咨询都不会有太大障碍，因为就市场、品牌和传播的原理来说，无论任何行业、任何企业，原理都是基本一致的。任何一个在行业里生存、胜出的企业，只需要做对三件事：找出核心竞争力、强化核心竞争力、让目标客群记住你的核心竞争力。

严格来说，在一个行业或一个竞争维度里，咨询公司最好只服务一个企业或一个产品，因为你不能同时为"制矛的"和"造盾的"出主意。但是，你必须既懂矛又知盾。

我们对全球排名前十、中国排名前十的钢结构企业进行了全面的调研分析，掌握了国际、国内钢结构领军企业的基本情况、发展过程、核心优势和主要特征，对全行业进行了对比研究。同时，对金海公司进行了深入调研。我们首先将金海公司放在全行业里进行全面考察，得出了第一个结论：力争做行业第二阵营里的第一，即放弃整体体量的角逐，但要在局部形成显著优势。

战略实施：重构品牌矩阵

调整企业的战略目标后，我们从聚焦策划的角度，提出一系列关系全局的问题：

金海钢构=钢构？

在品类划分越来越具体的市场中，金海公司所代表的"钢构"属于行业概念，却不属于品类概念。具体来说，金海公司的"钢构品类"非常宽泛，庞大的产品线和产品类别极大地稀释了金海公司本不强大的品牌认知力。

金海公司在"钢构"的大品类中，属于排名并不靠前的品牌，按照品牌的市场规律：如果不能成为某个品类的领导者，市场表现必然式微。强者越强、弱者越弱是永恒不变的认知模式。

金海钢构=全品类钢构？

站在企业的角度，全产品线、多种业务的产品体系，能够满足不同目标客户的需求。但站在客户的角度，他们是"用品类思考，用品牌表达"的，选择某个类别的产品时，会首先选择该品类的领导者。

在目标客户的认知中，厂房钢构、建筑钢构、异型钢构、桥梁钢构等品类有着非常明显的区隔，高档、中档、低档钢构更是认知的重要因素。金海钢构目前的全品类战线，使目标客户无法将品牌名与"优势品类"关联起来。

价位差异巨大的产品分布，不但使金海公司极大地分散了企业资源，而且模糊了目标客户的认知。

金海钢构=装配式钢构？

装配式作为"供给侧"的概念，尽管为金海公司提供了更宽阔的市场空间和可能，但装配式建筑更像一个行业内的概念，而非市场认知角度的概念。

在金海公司的全品类中，传统品类（厂房等）贡献了多数销量，装配式钢构尽管已经发力，且有不少成功案例，但从全国市场审视金海公司的装配式建筑，无论数量还是技术，都还没有形成强有力的认知。

从整个装配式钢构建筑市场来看，虽然所有竞争对手都在装配式建筑上有所发力，但大多视之为一个业务板块，还没有一个企业明确聚焦于"装配式钢构建筑"这个品类。因此，金海公司完全有机会占据这一位置！

金海钢构=桥梁钢构？

"供给侧"倡导的"藏钢于民"，为钢构桥梁的发展提供了良好契机。但同样，金海公司在桥梁建筑上的发力才刚刚开始，尽管有足够的技术能力，但对市场而言，并未形成强有力的认知。

市场中已经有专注于钢构桥梁的竞争者，钢构桥梁领域未来面临着巨大的竞争压力。金海公司要做的，究竟是虎口夺食，还是从战略定位上快速占据并聚焦竞争对手目前忽视或轻视的领域？

……

总体而言，金海公司具有相对明晰的战略规划，金海钢构、京鼎建筑、江海桥梁各自独立，但上述战略规划主要是基于政策导向和行业前景的规划，而非基于竞争机会和战略定位的规划。

结合资本市场的投资规律和偏好，我们认为，金海公司应该以更清晰的品类作为市场切入点，从市场角度厘清业务板块的划分，从而形成清晰的战略定位。这样才有利于其提升品牌价值、市场认知和投资价值（估值）。

我们建议，结合金海钢构公司的现状，应该尽快对母公司及各个专业公司进行改组，在省会长沙建立金海集团，以匹配它在钢结构领域"湖南一哥"的地位，统辖金海钢构、京鼎建筑、江海桥梁3个专业公司及在各区域设立的钢构公司。专业公司重在聚焦，区域公司则延续综合性钢结构公司的模式。

我们认为，在"力争做行业第二阵营里的第一"这个内定的目标下，应该明确：

装配式建筑是未来金海集团实现突破的最优方向；

桥梁建筑是未来金海集团潜在的市场燃点；

区域性综合公司是未来金海集团攻占区域市场阵地的保障。

战略转身：弃海从江

针对金海集团旗下江海桥梁公司聚焦跨海桥梁的雄心与计划，我们提出了不同的意见：跨海大桥工期长、投资大、科技水平要求高，承建者必须有强大的资金实力、技术实力；从全球范围看，每年跨海大桥的建设数量极其有限，大多由国际大型钢构企业垄断，与之竞争，胜出机会并不大。

我在交流中说，站在客户的角度，当他们要筹建跨海大桥时，首先会从以往大型跨海大桥的承建商中挑选，其次会从海滨城市的钢结构企业中挑选，从内陆城市挑选的概率很低。

基于以上分析，再结合金海集团的技术优势和市场优势，我们团队提出，将其集团品牌与不同业务的品牌分别进行升级定位，形成品牌聚焦，实施差异化品牌战略。

人类逐水而居，每个城市都需要多座桥梁，当我们的目光从海洋转到城市江河时，市场就会瞬间扩大，而其所需要的资金实力、技术实力，正是金海集团

| 第二部分 策划改变命运 | 121 |

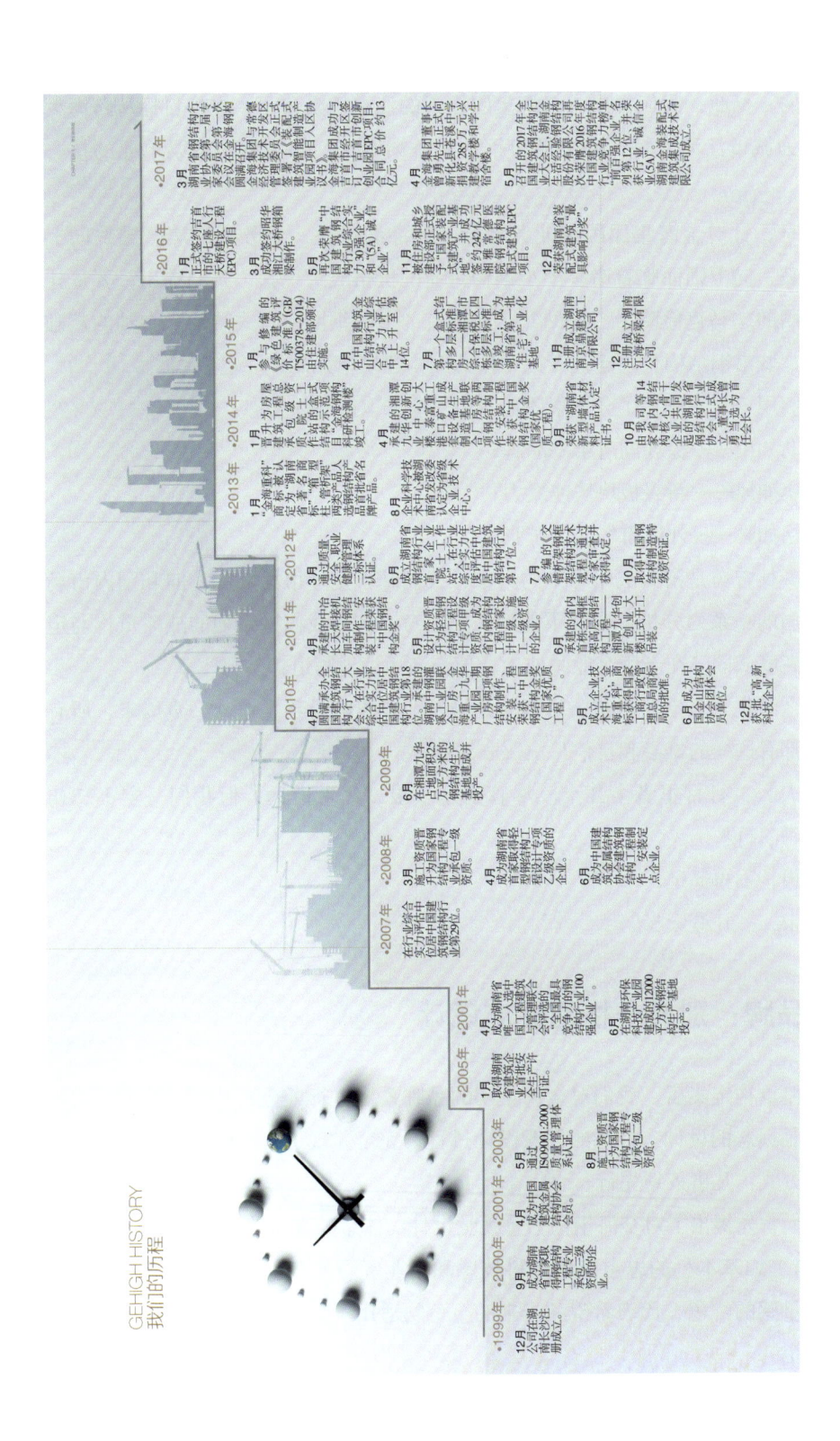

GEHIGH HISTORY
我们的历程

1999年
12月 公司在湖南长沙注册成立。

2000年
9月 成为湖南省家钢结构施工承包专业资质企业。

2001年
4月 成为中国建筑金属结构协会会员。

2003年
5月 通过ISO9001:2000质量管理体系认证。
8月 施工资质晋升国家钢结构工程专业承包二级资质。

2005年
1月 取得湖南省首批建筑企业安全生产许可证。
4月 成为湖南省同行业唯一入选中国建筑工程鲁班奖评选管理委员会的"全国最具竞争力的钢结构行业100强企业"。
6月 在湘投环保科技产业园建成2000平方米钢结构生产基地并投产。

2007年
在行业综合实力评估中位居中国建筑钢结构行业第29位。

2008年
3月 施工资质晋升为国家钢结构工程专业承包一级资质。
4月 成为获得湖南省首家钢结构工程设计乙级资质的企业。
6月 成为湖南省建筑业协会建筑钢结构工作委员会理事点企业。

2009年
6月 在湘潭九华占地面积25万平方米的钢结构制造基地建成并投产。

2010年
4月 湖南省办公厅圆建筑钢结构会实力评估中，承建的中钢湘重厂房一期工程居湖南省钢结构行业第18位。承建中钢湘重厂房一期工程荣获"中国钢结构金奖"。

2011年
4月 承建的中冶长天同科技大楼同加工制造钢结构工程获第五届"中国钢结构金奖"。
5月 成为中国首批钢结构设计与施工双一级资质企业。

2012年
3月 通过质量、职业健康安全环境管理体系认证。
成为湖南省首家获得综合实力评价"AAA"信用资信等级的钢结构企业，综合实力在全国钢结构行业中排名第17位。

2013年
1月 "金海科技"商标经国家认定为"湖南省著名商标"。"管廊柱"产品被认定为湖南省名牌产品。
8月 承建的湖南省首个"金海科技"钢结构产业园开工。

2014年
1月 晋升为房屋建筑工程施工总承包壹级资质。建筑工程施工总承包壹级资质示范企业。
4月 "金海钢构综合楼"工程竣工。

2015年
1月 参与修编的《绿色建筑评价标准》(GB/T50378-2014)由住建部颁布实施。
4月 在中国建筑行业金山结构实力评估中上升至第14位。
8月 承建的湖南九华科技木材产业基地项目"长沙磁浮列车制造基地"项目获"中国钢结构金奖"。
一个盒子结构的多层钢结构装配式"非宅"厂房、房屋合标准在湘潭经济技术开发区滨湖新城落成，并成功应用于"非宅"配套住房项目。

2016年
1月 正式签约湖南首例采用钢结构的EPC项目。
3月 成功签约昭华湘江大桥钢梁制作。
5月 再次来尊"中国建筑行业两强评价百大诚信AAA企业"。
7月 被任命为湘乡市"中博"钢结构装配式建筑产业化基地，并成功开工湘潭区"富宸地产"配套建筑钢结构项目。
9月 参与的《交错桁架钢结构设计规程》通过专家评审并获得批准。
10月 我司等14家企业内青年领导组织发起成立的湖南省青年企业家协会正式成立，莫军当选为首任会长。
11月 荣获"湖南省新型建筑材料产业认定"证书。
12月 注册成立湖南鼎建实业有限公司。

2017年
3月 湖南省钢结构行业委员会第一届一次圆满召开金海集团当选为主任委员单位。
金海湘智能装配式建筑技术开发运营管理中心经湖南湘省政协文史委员会签订合作协议，双方就同中国人民大学合作首批将开展EPC项目创业合作总价约13亿元。
5月 金海集团董事长曾祺先生正式向新化县石榴中学捐赠285万元，用于助建数学楼。
12月 召开的2017年全国建筑行业金融大会上，湖南金海钢构有限公司首度荣获"中国建筑钢结构行业最具影响力前列第12位企业""湘行业50强"获奖并正式挂牌成立湘海钢装配式建筑技术有限公司成立。

所拥有的。据此，我们提出，金海集团旗下的江海桥梁公司，应将目标从跨海大桥调整为城市江河大桥，以"城市钢结构桥梁专家"作为钢构桥梁单元的核心定位。

同时，针对金海集团因为业务庞杂、产品线过长、业务不聚焦，导致向上难以突破，向下则面临着诸多中小钢构企业的价格战的现状，我们提出，要依托金海集团的"马克俭院士工作站"，在拥有"空间钢网格盒式结构"专利的基础上，以"城市钢结构公共建筑专家"作为钢构建筑单元的核心定位。

我们用三句话概括了金海集团面对市场应采取的总体姿态：

不动如山——稳守湖南第一品牌；

其疾如风——新兴板块快速发力；

其徐如林——外埠市场谨慎扩张。

董事长曾勇是富有战略思维的行家，我们基于全球市场发展方向和国内市场竞争格局的一系列分析，吻合了他的长期思考，他对我们一系列的战略重构与定位策划高度认同。在新版企业画册上，他充满激情地写道：

"金海集团自创业之初，目标就是做基业长青的百年企业。一直以来，所有金海人都有这样的雄心和自信！

古人云：行百里者半九十。尽管前途多艰、任重道远，但我们一定不忘初心、砥砺前行！

梦想，不再遥远；

未来，一片蓝天！"

升级品牌：别具一格的标志设计

战略重构定案后，我们对金海集团的品牌系统进行了全面升级。其中最重要的，就是标志的设计。标志的创意设计过程，完全体现了阿正极端策划行之有效的工作方式：凡事策划先行。

我们首先提出了对金海钢构VI（视觉设计）体系的方向性思考。

（1）VI基本色的思考：代表科技感和企业资质的蓝色、代表军营文化和钢结构力量感的红色、代表希望和未来的金色均适用于金海集团，可在企业文化定案后选定。

（2）VI基本形的思考：钢结构、建筑建构大体由几何图形构成，即方形、菱形、三角形、六边形。VI体系可能涉及各种几何图形，但我们力推以六边形为主。六边形在自然界中比比皆是，如雪花、龟壳上的图案、长颈鹿身上的花纹等。其中，以蜂巢最为典型。

（金海集团供图）

A.最省材料：蜂巢中相邻的房孔共用一堵墙和一个孔底，非常节省材料。

B.最稳定：正六边形的排列被称为最稳定的排列方式。有大量事实证明，正六边形可能是所有形状当中最低能耗、最完美、最稳定的形状。

C.最易复制且不变形：正六边形能以最少的材料不重叠地铺满一个平面。正六边形的另一个特点是它有六条对称轴，因此，可以经过各式各样的旋转而不改变形状。

D.最优异的空间感：房孔是正六边形，而蜜蜂的身体基本上是圆柱形，蜜蜂在房孔里既不会有多余的空间，又不会感到拥挤。

E.钢结构建筑以稳定和坚固著称，与六边形有着异曲同工之妙，所以，采用六边形作为企业标志的基本形最为合适。

（3）VI基本线条的思考：钢结构建筑运用最多的是钢梁、钢柱，简洁有力，线条明快，其中工字钢运用最多。本VI体系将以此作为线条符号的基本造型，并适当结合企业英文名的字母及建筑、桥梁等要素设计。

基于对企业特征、行业属性认知的创意思路，设计师不再无所适从，很快就设计出了企业高度认可的标志。

（金海集团供图）

2017年12月11日，金海集团在长沙总部举行了朴素的新品牌揭幕仪式。我作为唯一的特邀代表参加活动，见证了新品牌的诞生。联想到曾总在捐建苍溪中学时的大手笔，这个朴素到极致的新品牌揭幕仪式让我深为感动。

不到三年的时间，金海集团经过战略重构、品牌升级、聚焦发展，形成以核心技术"空间钢网格盒式结构"为代表的各类发明专利和新型实用专利126项，其在常德、雄安等地投资建立了新的产业基地，综合实力大幅跃升，三年间产值提高了500%。虽然2020年以来，由于新冠疫情的暴发，金海集团的发展深受影响，但我相信，在曾勇先生的带领下，企业一定能渡过难关，再创辉煌。

我一直认为，策划是一项极具挑战性的工作，是一项没有止境的工作，唯有自我要求、自我挑战，才能有过人的策划高度。

很多人认为，策划就是"出点子""出创意"。实际上，它远远不是那么简单。创意的背后，需要庞大体量的市场调研，需要大量数据的采集和分析，需要竞品的甄选、解析，需要披沙拣金、拨云见日、超越以往，找到最核心的竞争力。只有在大量扎实的基础研究工作之上，才能进行创意策划。而在主体创意之下，还要有战术配衬的一系列策划设计，要有传播策略和传播点的设计，以及能够体现它的标志系统、自媒体系统、公关传播系统。这一切，需要大量跨领域跨行业的知识积淀和科学方法，需要与众不同的思维方式。

当然，还要殚精竭虑，为伊消得人憔悴，才能独出心裁、决胜千里。

第三部分　传播影响命运

"传播影响命运"：再好的定位、再惊艳的策划，实施过程都需要传播的助力。传播是一项全程的工作，是深刻影响命运的工作。古人云："衣绣夜行，谁知之者！"唯有聚光灯下的行为，才能吸引世人的视线，实现眼球聚焦与品牌提升。

第十八章

传播的历史演进

人类的相遇：始于资讯交换

一群先民手持石块、木棒，正在狩猎，忽见丛林中跳出几个手持石斧、石箭的人，便打着手势问：

"看到一只鹿了吗？"

"没有，你们看到一只中箭的熊了吗？"

人类的相遇，就是从交换资讯开始的。

始于资讯交换的传播，无时无处不在，帮助人类走过了物竞天择的漫长时光。

早期人类的足迹，半径是有限的，他们的视野和见闻，局限于生存需求的半径空间。因此，无论是相遇还是重逢，人类都急切地在第一时间进行资讯交换，丰富自己的见闻，以便增加对世界的认知以及提高应对自然环境的生存能力。

为记录、交流生存中历尽艰险甚至付出生命代价才获得的共性经验，先民们创造了符号，又在符号基础上创造了象形文字，使生存经验的交流与传播得以在更多的族群中实现，同时超越了口口相传的局限。随着文字、纸张和印刷术的发明，人类越来越多的经验和思想得以跨地域、跨年代地传播，使人类在自然界给出的生存空间里，走过了千年万年。

来到近现代的人类，保持了他们交换资讯、传播见闻的热忱，在相遇、相聚、重逢的时刻，见多识广、谈资丰富的人备受尊敬。在中国各地，形成了不少关于交换资讯、传播见闻的专用语：唠唠嗑，聊聊天，侃大山，谝一谝，摆一摆龙门阵，说说话，讲讲新闻，说说小道消息……

这些专用语包含着各种各样的场景、话题和参与者：清茶热酒，三杯两盏，烟雾缭绕；天南海北，东拉西扯，奇谈异事，市井红尘；新朋故旧，同学战友，邻里同乡，他乡故知……人人都怀揣着各种资讯见闻，急于与新朋老友分享。

资讯匮乏：造就"万众一心"

资讯相对匮乏的年代，其实也是聚精会神的年代、万众一心的年代。人们的聚会充满温暖的气息、人间的气息。

那时，由于关山阻隔、信息闭塞、书报匮乏，资讯多来自广播、亲友书信、探亲访友见闻。

最负盛名的就是《新闻和报纸摘要》。

它是中央人民广播电台的一档早间新闻节目，该节目的原型是1950年4月10日开办的《首都报纸摘要》，1955年7月更名为《新闻和报纸摘要》。

节目的主要内容是播送国内外要闻和中央报纸的言论。每天早上6点30分中国之声首播，同时各省级广播电台第一套节目和部分地方广播进行转播，每期为30分钟，经济之声上午7点重播。

在那几十年间，每天早上6点30分，伴随开始曲《歌唱祖国》雄壮的乐声，家家户户都在听中央人民广播电台的《新闻联播》，《新闻和报纸摘要》更是备受欢迎。近70年间，《新闻和报纸摘要》节目的收听率始终位列各类广播节目榜首，最大收听规模达6亿人口。

异地亲友间的书信，以及探亲访友的见闻，形成那个年代珍稀的"差异化新闻"。邮递员送来一封信，随后就会引发邻里之间的分享。探亲访友归来，连续几天都会有邻里来串门分享见闻。

曾经，一个少年伙伴进省城探父，回来讲述电影《我们村里的年轻人》，成就了我们这些乡村少年几个愉快的夜晚。

而长年在城里工作的亲友回乡后的日子，常常是乡邻最热闹的时光，因为他积攒的资讯、见闻，在贫瘠的乡村，足以形成一次精神盛宴。

在那个年代，见面聚会的主要内容就是交换信息、讲述各地新闻、分享道听途说。每个人聚精会神，相谈甚欢，兴味盎然，在人间烟火中细细咀嚼着每一条资讯。

到了资讯日渐丰富的年代，城市与乡野的聚会已是天壤之别，呈现出完全不同的层次与风格。我甚至觉得，是传播真正拉开了城乡的差距——那种超越经济的精神生活的差距——这也导致此后几十年中国农村的持续"空心化"。

资讯丰盈：观念的分歧和阶层的分野

20世纪七八十年代，随着改革开放的到来，我国经济发展，报刊繁荣，电视逐渐进入千家万户，资讯极速扩容，尤其是海外资讯，让中国人看到了一个新的世界，一个五彩缤纷、光怪陆离的世界。

尽管这个阶段的资讯繁荣，还是基于新闻出版审查制度的、以单向宣传为主的——读者来信、听众来电是仅有的互动方式，基于公开资讯的讨论也局限于一定的空间——但毕竟已不同于从前了！

中国高考制度恢复后，仅2000年前毕业的大学生就超过1150万人。他们的出现，让资讯的传播有了更深的思想内涵。逐年增多的留学生在海内外的穿梭，大大地丰富了资讯，解析资讯也就有了无数的新视角。民营出版、公共知识分子、西方学术及思潮等盛极一时，大都市聚会上的交流、论辩成为常态，北京更是人文精神的大本营。

这个阶段，民间的谈资因"小道消息""内幕消息"而热闹非凡。它基于改革开放后形成的两大变化：发家致富已成为大多数人公开的人生目标；全民对政治生态必将影响国计民生的高度认知与关注。

这两大变化，极大地推动了"小道消息""内幕消息"的兴起和泛滥。关于"批指标""批车皮""批钢材""批工程"的各种消息，在大大小小的聚会上传播着。而以"北京出租车司机"为代表传递的"内幕消息"，让草根民众有了窥视政治生态的门径，一时成为举国议论的社会现象。

这个阶段，都市与乡野的聚会已有天壤之别，呈现出完全不同的层次与风格。它们的共振，构成了当年众声喧哗的局面，为社会学家、评论家们所津津乐道。

前两次互联网浪潮：网络社交时代的传播场域

21世纪前后，中国迎来了互联网时代。

1994年，中国互联网正式接入国际网络，拉开了中国互联网时代的大幕。

1997年6月，丁磊创立网易公司；1998年，张朝阳创立搜狐网；1998年，邮箱普及、第一单网上支付完成；1998年11月，马化腾、张志东等5人创立腾讯；1998年12月，王志东创立新浪网。

1999年2月，聊天软件OICQ出现（后改名为腾讯QQ）并风靡全国；1999年9月9日，以马云为首的"十八罗汉"在杭州正式成立阿里巴巴；2000年1月1日，李彦宏在中关村创建百度公司。

至此，中国的第一次互联网大浪潮，形成了从四大门户到搜索引擎的初步格局。

2001年，中国互联网协会成立；2002年，博客网成立；2002年，个人门户兴起，互联网门户进入2.0时代；2003年，淘宝网上线，后来成为全球最大C2C电商平台；2003年下半年，阿里巴巴推出支付宝。

2004年，网游市场风起云涌；2005年，博客元年到来；2007年，电商服务业被确定为国家重要新兴产业。

2008年6月底，中国网民总数达到2.53亿，首次超过美国，跃居世界第一。

中国第二次互联网大浪潮，完成了从搜索引擎到社交化网络的建构。

人类历史上，但凡重要的技术革命，都伴随着传播媒介的革命。人类的任何活动，本质上都是信息传播活动。社交化网络源自网络社交，它的演进，一直在遵循"低成本替代"的原则，不断降低人们社交的时间和物质成本，即传播管理和传播信息的成本。

网络社交的起点是电子邮件。1971年，人类第一封电子邮件诞生。它的缘起，就是为了方便阿帕网（ARPANET）项目的科学家们相互分享研究成果。

网络社交最大的特征就是虚拟和自由。人与人之间的交往，以间接交往为主，以符号化为表现形式，现实社会交往中必须呈现的诸多特征，如姓名、性别、年龄、工作单位和社会关系等，在网络社交中都被"淡化"了，人的行为也因此具有了"虚拟实在"的特征。每个人在网络上的存在都是虚拟的、数字化的、以符号形式出现的。由于缺少"他人在场"的压力，快乐成为第一原则，日常生活中被压抑的人性，在无约束或低约束的状况下得以尽情宣泄。而网络社会分散式的网络结构，形成没有中心、没有阶层、没有等级关系的格局，与现实社会中的人际交往相比，网络社会具有无限广阔的自由空间。

网络社交的虚拟和自由，使无数匿名网民得以充分张扬个性。一个日常生活中温文尔雅的人，身披"马甲"，摇身一变，成为纵横江湖的冷面杀手；一个生活中的泼皮无赖，也可能摇身一变，成了道德的捍卫者。同一个屋檐下，同一间办公室里，潜藏着无以计数的"双面人"。聚会中低声谈论的网络故事，有时甚至就是龌龊的自己，但他仍然可以坦然地把"鄙夷"写在脸上。网络充分显示了它奇特的一面，让很多中国人有了"另一张面孔"。

"马甲"横行、虚拟自由、真伪难辨，互联网时代的传播场域，几乎造就了人类社会的"新人类"。

第三次互联网浪潮：信息投喂与信息隔膜

移动互联时代，即时通信彻底打破了有形或无形的时空界限、阶层分割，资讯极度泛滥。

2009年1月7日，工业和信息化部向中国移动、中国电信和中国联通颁发了第三代移动通信牌照，标志着中国正式进入3G时代，开启了中国移动互联网发展的新篇章。而智能手机和4G网络、5G网络的普及，以及应用软件的极大丰富，让移动上网的娱乐性得到大幅提升，聚会上各自埋头把玩手机成了令人痛恨却又万般无奈的现象。

微博、微信、短视频、区块链、元宇宙等互联网新事物的不断出现，也推动着第三次互联网浪潮的发展。

中国第三次互联网大浪潮，完成了移动互联网对PC互联网的全面超越。一机在手，尽览天下。白宫的事、中南海的事、赛事胜败、明星绯闻、企业家的私生活、平头百姓的喜怒哀乐，无一不在掌握之中。表情包代替了表情，微信名替代了本名，常常相见不相识，一问方知是"老友"。从前，朋友圈很小，隔三岔五都可以一一想念。而今，朋友圈已大到许多人你不曾真正"相识"。你有限的时间，要分配给无数不曾见面、不再见面、不会想念的人。而对那些生命中最重要的人，你能给出的时间，已是一时半霎。木心先生描绘的"车马很慢，书信很远，一生只够爱一个人"的时代，一去不复返了。

随着人工智能的发展，识别和预测各种用户的兴趣或偏好，从而有针对性地、及时地向用户主动推送所需信息的"智能推送"技术，以"满足不同用户的个性化需求"为旗号，开始大行其道。它们集人工智能、算法推介、数字编辑技术优势于一身，在精准描绘用户图谱的基础上，实施"新闻馈送算法"（news feed algorithm），让每个人陷入了封闭的"信息茧房"。自以为身披"马甲"的人们，其实早已是在"裸泳"：每个人的生存状态、消费能力、交往空间和价值取向，在大数据面前被一览无余。

让人始料未及的是功能日益强大的大数据推送，竟然造成了新的信息隔膜："投其所好"的信息推送，打破了用户的认知平衡，出现了严重的"信息偏食"现象。同一时间内，一个人看到的和另一个人看到的，也许是两个完全不同的世界。资讯的差异，形成了超乎想象的、可怕的立场分野，老同学、老战友、老朋友，甚至家人，因为接触到的资讯的反差，产生了许多面红耳赤的争端与无可奈何的喟叹。作为观念与立场辨析基础的资讯，丰富驳杂到足以形成人与人之间难以逾越的鸿沟。

事实证明，智能机器推送的信息，质量很难控制和保障，会导致"信息越来越多，真相越来越少"。当每个人都拥有"各自真相的一部分"的时候，个体分歧必将加大，群体之间也必然会出现言语与行动上的对立及冲突，进而导致社会割裂与动荡的危险出现。

随着计算机越来越多地被赋予人的智力与能力属性，人运用智力进行有效信息选择、接纳不同观点的能力日趋低下。这无疑引起了技术研发者以及政治、社会、传播学者的重视，而每一个沉浸其中、享受技术便利的人，也都不能置身事外。

传播技术的高度发达和人工智能的飞速发展，也许正在将渺小而又自作聪明的人类，带向一个不可知的未来。

传播伴随人类成长的每一个脚步，深刻影响着人类的命运。

传播影响命运的五个层面

如前所述,传播始终伴随人类的进程。就像动物间的信息传递一样,人类在物竞天择的自然界中,为了生存和发展,通过狩猎、农耕、迁徙、聚集等生产劳动和社会实践,不断扩展自身的传播能力,不断发现和创造新的传播媒介,不断推进社会信息传播系统走向发达和完善。而这一过程,也反过来对人类的发展进程产生了极大的影响,带来了许多不可知的风险。

传播究竟是如何影响命运的?我认为,至少有以下几个方面值得我们重视。

传播者的"权威",会深度影响受众。

一项实验表明,一群学生面对一张洁白无瑕的纸,在强烈灯光的照射下,竟然都相信"著名眼科大夫"的话,一致"看见了"那远处纸的中间有个黑色斑点。专家的这种权威性也可以横移到专门机构或媒介上。

媒体的"权威",同样会影响受众。

霍夫兰(C. Hovland,1951年)等人的实验是让两组被试者分别阅读一篇关于主张自由贩卖抗组胺剂的文章,一组被试者被告知该文章来自权威杂志《新英格兰医学杂志》;另一组被试者则被告知该文章是取自通俗杂志《大众月刊》。结果"权威杂志"文章的读者有23%发生了与文章的观点相一致的态度变化,而"通俗杂志"文章的读者仅有7%产生与文章的观点相一致的态度变化。

媒体的"能量差异",会带来不同的结果。

1960年的美国总统大选,除通过广播传播外,首次使用电视辩论。肯尼迪、尼克松在广播和电视里反复争取选民。结果,收听广播的人大多数把票投给了尼克松,因为尼克松辩才更好。而收看电视的人大多数把票投给了肯尼迪,都认定肯尼迪会赢,因为肯尼迪年轻帅气,形象气质更好。

最后胜出者是肯尼迪。他的胜出,无疑是新媒体影响力的结果。

传播的角度，会带来不同甚至相反的结论。

传播的信息表达，会导致不同的感受。

《庄子·齐物论》中讲过一个"朝三暮四"的故事，"狙公赋芧，曰：'朝三而暮四。'众狙皆怒。曰：'然则朝四而暮三。'众狙皆悦。"养猴人给猴子发栗子，早上发3颗晚上发4颗，猴子们死活不干，而后养猴人改成早上发4颗晚上发3颗，猴子们个个喜笑颜开。

同样的"支出"，因"顺序"不同，带来了完全不同的结果。传播亦然。

事实就像一座冰山，真相的大部分常常被有意无意地"隐藏"在水面之下。而以大数据技术为基础的智能推送，更是极大地影响了人们对真相的了解和把握。

唯有深度挖掘，才能呈现真相，揭示本质。

传播者，除尽可能全面、客观地还原事实、逼近真相外，还需要本着推动社会进步的初心，在传播上做出坚定而不懈的努力！

那么，如何做好传播？怎样的传播才是成功的？

毋庸讳言，传播的目的，就在于使受众在态度、行为、情感等方面产生传播者所期望的变化。只要这样的变化能产生对社会进步的推动力，传播的策略就值得高度重视。

所以，一切都要回到传播策略上来！传播的影响力，首先取决于对传播策略的把握。

一般认为，传播策略由传播维度、传播规模、传播力度、传播节奏这4个关键项构成。

传播维度：以上帝视角审视全局，明确传播什么及怎么传播。

传播什么？——明确传播目的和传播诉求。

传播目的和传播诉求不一样，传播的出发点就不一样，传播策略的思考维度也就不一样。

如果传播的目的是在专业领域提高权威性和认知度，那么策略维度就是垂直型的，着力在特定领域谋求传播效果最大化。如果传播的目的是在大众层面扩大声量、提高知名度，那么策略维度就是横向型的，着力提高内容触达率，形成强有力的传播效果。如果传播的目的是提升口碑，那么策略维度就是连接型的，着力进行有效的口碑扩散。

只有明确了传播目的和传播诉求，才能明确传播维度，也才能制定出优质、高效、低成本的传播策略。

怎么传播？——明确目标受众和传播创意。

传播的内容和方式是由目标受众决定的，而创意是将传播内容、传播方式的效率最大化、有效化的必要手段。

众所周知，受众不但有种族、性别、年龄、职业之分，而且有地位、财富、教育程度、价值观念等的差异，可谓千差万别。明确目标受众，就像明确"枪靶"一样重要。而传播创意，就是提高命中率、实现最佳传播效果的重要手段。

传播规模：没有规模的传播，就像春天一场局部的毛毛细雨，无法带来万物勃发的生机。

传播规模是解决传播覆盖面的问题，对已明确的目标受众，进行最大限度的传播覆盖，以求达到最大的传播效果。

由于传播规模的大小受传播目的、预算、媒介选择、时间等因素的影响，所以，上好的传播策略就是保证在一定规模的传播中实现最好的传播效果。

传播力度：传播不等于说服，规模也不等于力度。

传播力度是指传播穿透力的大小，力度是受众认知的基本保证。

传播力度是以影响目标受众认知为核心展开的，其力度大小，更多地受资金、资源、创意和传播周期的影响。

在信息大爆炸时代，各种消息犹如滔滔江水，低频次的传播就像石沉大海。要对受众认知形成深度渗透，进而形成长期记忆，需要周期性的重复刺激。只有加大对强影响力资源的整合力度，才能在潜移默化中占领消费者的心智。只有认知度的提升、认知渗透的深化才是实现传播效果的关键。

传播节奏：一首美妙的曲子，一定是由形成旋律的音符组成的。

传播节奏一般是以时间为主线来安排的，包含时间点、时长、速度和周期几个变量。

一次传播活动在明确传播目的和诉求后，传播内容规划、传播资源选择、传播媒介组合、传播时机选择，这些要素的选择和侧重点的安排，就构成了一次传播的节奏。传播节奏决定着传播目标的实现程度。

在传播策略的4个关键项中，传播维度（传播什么、怎么传播）是传播策略的关键和核心，它贯穿传播的全过程。传播规模和传播力度分别从广度和深度上组成传播策略的主体，构成传播策略的坚实支撑。传播节奏起着控制和拨动的作用，像一只上帝之手，让公众的视线始终受它的牵引。

阿正极端策划的传播策划是如何出奇制胜的呢？

在对传播策略形成基本认知、洞悉传播规律的基础上，阿正极端策划在长期的实践中形成自己独特的理念和方法，紧紧抓住传播面、传播点、传播力三大关键要点，创造了许多经典案例。

1. 传播面的扩张

传播制胜的前提是传播面的扩张：目标人群的基数大小，决定了传播的广泛程度，自然也就决定了传播的社会影响力。

要实现传播面的扩张，就要解决传播内容与公众关联度的问题，与目标人群没有关联度的传播，就像一次没有靶位的射击。

承担2004年"中国第21次南极考察队挺进南极内陆冰盖最高点DOME A"活动的策划时，我就发现了这个难点：中国的"第21次"南极考察活动，对普通公众而言，已基本没有新闻价值了，如果不能重构这次考察与公众的关联，引起关注，那么只能在少数人群（如南极圈专业人士、关注国家科学考察活动的人）中产生传播效果。经过深入的研究和思考，我重构了项目的价值诉求——"实现人类在南极的最后一个梦想"，将中国的"第21次"南极考察活动，变成了与全中国、全世界相关的一次考察活动，极大地提升了DOME A项目的公众关联度，将目标人群的基数扩大了几万倍乃至几十万倍，一举解决了传播面的扩张问题。

传播面的扩张，是传播制胜、最大限度实现传播目标的重要方法。没有公众关注的关联度，就没有真正的传播，传播的社会影响力也就不可能实现。

2.传播点的精准

传播面决定了传播的广度，传播点的设计则决定了传播的成败。

一次好的传播，必须以传播点的精准设计为前提，只有精准的传播点，才能引发公众的共鸣，实现传播的意图和目标。

设计精准的传播点，不仅要基于对公众价值观的理解、把握和尊重，还要巧妙、不露声色。

在担任CCTV-3《聊天》节目总策划时，我碰到的第一个问题就是如何改变主持人倪萍在公众心目中的"煽情"形象。倪萍是个多面手，作为影视演员、主持人，她特别出色，就是作为画家、作家，她也颇有成就。但她最为出色的，无疑是主持人：在中国社会绝大多数家庭从拥有12英寸黑白电视到拥有20英寸以上的彩色电视的10多年间，她成功主持了十三届春节联欢晚会和各种大型晚会，几乎是"霸屏"CCTV的万众瞩目的第一人，连续多年获得全国广播电视"百优双十佳"节目主持人最高奖——"金话筒奖"，她也因此成为中国主持人协会常务副会长。而在她的主持生涯中，公众说得最多的，就是她的"煽情"：在春晚成为中国"新民俗"的10多年间，她每年都成功地让全国观众随着她落泪。当她主动退出春晚、退出《综艺大观》，创办《聊天》节目时，"煽情"二字也如影随形地紧紧跟随着她。

我为《聊天》节目确立了"分享生命体验"的定位：30分钟呈现另一个生命

版本，让公众分享他以不可逆的生命历程塑就的人生和感悟。这使《聊天》很快与《实话实说》《艺术人生》一道成为当时央视的三大谈话类节目，产生了一定的影响力。但如何打破公众对倪萍的固有认知，重塑其形象，让栏目在亲切感人的同时，更具人物生命经历的可信度和张力？公众眼中主持人"煽情"的标签，无疑是需要剥离的。而这几乎是不可能实现的！

在我苦思良策而不得的时候，节目选题讨论中的一个细节引起了我的注意。

对节目访谈人物的选择，是每个谈话类节目成败的关键因素。根据《聊天》节目"分享生命体验"的定位，我们要求每个编导"必须首先打动节目组"。这就要求编导在短短几分钟的人物故事阐述中，聚焦于一个生命历程的独特分享价值。

我突然发现，在多次节目策划会上，编导的阐述刚刚过半，身旁就传来低低的啜泣声，一回头，正是倪萍在悄悄抹泪。这可绝对不是她在万众瞩目时"刻意"的"煽情"！这就是突破点！

不久，我向一批来节目组采访的记者们讲述了这个细节。我指出：其实"她的每一滴眼泪都流自真心"。这个细节的广泛传播，在很大程度上消解了公众对她"煽情"的定见，许多常年关注她的热心观众，因此对她有了新的认识。

离开央视，主演《美丽的大脚》后，倪萍在2002年8月28日接受采访时说："对我的电视主持，有人说我滥煽情、爱哭，其实，生活中的我就是这样的，我的每一滴眼泪都是真的。"

可见，这个细节的发现和传播点的设计基本是精准的、成功的。

3.传播力的张扬

传播面决定了传播的广度，传播点决定了传播的成败，而传播力则不但决定了传播的渗透力，还决定了传播的成本和综合效益——性价比。

要打造最具渗透力和性价比的传播，就是要善于借势、搭车，收事半功倍、四两拨千斤之效。

在北京建邦华府项目的营销传播过程中，我们确立了在北京南城400万个门牌号中"擦亮一个门牌号，打造项目价值新高点"的策略，策划了"一字逾千金，只征半句联"活动。因为"只征半句联"是中国征联历史上的首创，它吸引了全国的楹联爱好者；活动邀请为CCTV春节晚会创作各省春联的中国楹联学会担任评委，成功借势了"春晚"；又以易中天《品三国》一书的作者易中天的亲笔签名书作为所有获奖者的基础奖品,成功借势当年最火爆的《百家讲坛》和名家易中天。当一则新闻中不露声色地嵌入中国楹联学会、CCTV、春节晚会、《百家讲坛》、易中天时,它的传播很快收到了"四两拨千斤"的神奇效果,完美实现了传播力的张扬。

紧紧抓住传播面、传播点、传播力三大关键要点,阿正极端策划创造了不少传播"神话",留下了许多经典案例,完美印证了"传播影响命运"这一结论。

第十九章

黄坑镇文旅：
一份由农民签发的全球征诗令引发的轰动效应

朱子林景区位于建阳区黄坑镇。在景区总体策划中，我们重点重构了朱子墓的定位，在"中国古墓"这个文旅资源的大版图中，创立了"圣贤古墓"这个"品类"，从而使一座小小的朱子墓园一举成为中国"四大圣贤古墓"之一，为朱子林景区的文旅发展打下了最坚实的基础。

朱子墓所在地黄坑镇，是"世界文化与自然双重遗产"武夷山国家公园——武夷山自然保护区的核心区，拥有无可比拟的生态优势，被世人誉为"林海竹乡""鸟类天堂""蝴蝶王国""蛇的王国""昆虫世界"。我们团队通过对其生态数据的量化分析，在国际生态系统中，精准定位了它的生态优势，为它确立了不同以往的真正的价值标签：世界生物模式标本圣地、世界昆虫第一峡谷、世界小区域生态第一天堂。

在上述两大工程之外，我们还构筑了一条富有特色的"乡村野趣"价值链，将区域景观、物产、民俗文化串联成线，并打造了"朱子鸿儒宴"等4套创新餐饮，使区域文旅形成朱子龙归之地、生态天堂、乡村野趣三大价值。

重构朱子林景区和黄坑景区的价值体系之后，传播就成为一项影响其命运的重要工作。

"黄坑旅游九大谜团"：让好奇心引导旅客的脚步

为了让黄坑文旅呈现它自带的神秘色彩，更好地吸引游客、促进口碑传播，我们在黄坑文旅负责人虞光明先生的帮助下，以他讲述的众多生动故事为蓝本，归纳设计了富有挑战性的"黄坑旅游九大谜团"，让游客带着问题仔细探寻答案，又带着话题引发人际传播。

朱子为什么选择后塘为"归藏之所"？

萧氏家族的来处和去向为什么无人知晓？

太子桥到底是哪个太子所建？

留下一句"叶黄满坑金"的诗人是谁？

鹅峰村的牛为什么会"听人的命令"？

是谁出卖了唐代名将谢枋得？

观音岩既没有和尚也没有尼姑，为什么百姓能"求子得子"？

观音像到了观音岩，为什么再多的人也抬不动了？

黄坑农民为什么要给自己的乡镇重新起名？

整体策划完成后，如何传播就是最重要的课题了。几经研讨，在推翻了数十个创意之后，我们决定以"一份由农民签发的全球征诗令"为题，启动黄坑这个小镇的形象传播，为小镇找回文化价值和自信，让世界重新认识这个被重重大山环绕的小镇。

全球补诗大赛：一份由农民签发的全球征诗令

黄坑镇，古称"唐石里"。南宋景定元年（1260年），因该镇三峡村"产嘉禾一本十五穗"，世人称奇，地方官员遂上奏朝廷，龙颜大悦，皇帝下诏改建阳县为"嘉禾县"，称唐古里为"嘉禾里"。皇帝下诏给一个小小的乡镇改名，史上罕见。该名沿用数百年，成为这个小镇最重要的历史文化遗产之一。

令人百思不得其解的是，数百年后这个镇竟然放弃"御赐"的"嘉禾里"，更名为"黄坑"！

相传有一位诗人途经此地，看到夕阳下群山一片金光灿灿，叹为人间奇观，慨然赋诗，因诗中有"叶黄满坑金"之句，后人遂将"嘉禾里"更名为

"黄坑"。

岁月悠悠，历史的尘埃不仅淹没了这位诗人，连诗也仅留下"叶黄满坑金"这一句！这首诗究竟美到何等境界，能让当地的人们把帝王的命名也放弃了？大山深处的黄坑农民，得有多爱那首诗啊！

我自幼就在这个乡镇的一个名叫"广贤"的小村庄长大，没有人告诉我这里曾经有一个美丽的名字。这里地处偏僻，交通不便，民间多以"黄泥坑"自嘲。"嘉禾里"这样富有诗意的名字，我直到离开家乡多年后才听说。

(梁勇 摄)

是申请恢复富有诗意的旧名"嘉禾里"，还是申请更名为"朱子镇"以突出朱子文化？面对重重困难，黄坑镇党委书记周春林、镇长蓝忠明和班子成员一致同意我们的传播策划思路，决定以"千年余一句，谁能吟全诗？"为题，发起"叶黄满坑金"全球补诗大赛，意图征集一首完整的五言绝句，或是一首五言律诗，或是一首词，让世人了解黄坑历史文化曾经的厚度与诗意。

2017年12月20日，全球补诗大赛的征诗令在全网发布：

千年余一句，谁能吟全诗？
——"叶黄满坑金"全球补诗大赛

黄坑农民欲以茶园"打赏"全球诗人：请为"叶黄满坑金"补诗！

我们是黄坑镇的农民。黄坑镇位于武夷山下，属福建省南平市建阳区，是朱熹墓所在地。

黄坑古称"唐石里"。南宋景定元年（1260年）因产嘉禾一本十五穗，皇帝下诏改建阳县为"嘉禾县",称"唐石里"为"嘉禾里",沿用多年,后因"叶黄满坑金"诗句而得名"黄坑"。但此诗全文不详,诗人也未留名,故流传不广,知之者稀。而由于地处偏僻,交通不便,长年经济不发达,我们民间多以"黄泥坑"自嘲,文化意蕴丧失殆尽,令人扼腕!

为了复原我们前辈曾经沉浸其中的诗意,为了让我们农民也"大雅"一回,我们决定集资为"叶黄满坑金"征集补诗,举办"千年余一句,谁能吟全诗?——'叶黄满坑金'"全球补诗大赛,邀请全球诗人为"叶黄满坑金"补诗,使其成为一首完整的古体诗或词,让世人了解黄坑历史文化曾经的厚度与诗意。

让我们以一首农民自创的"打油诗"开头:

此地本名唐石里,一禾十穗惊天下,
皇上闻奏龙颜开,理宗诏改嘉禾里。

嘉禾里来好风光,文人骚客络绎来,
一句叶黄满坑金,从此改名叫黄坑。

叶黄满坑真似金,唐石嘉禾杳无音。
朱子龙归已千年,源头活水依旧来!

诗人远去如黄鹤,残诗一句遗千年,
而今摆擂求全诗,天下诗人谁第一?

(阿正供图)

(黄小杭　摄)　　　　　　　　　　　　（阿正供图）

言归正传。现在向您介绍一下黄坑镇：

朱子墓、太子桥、桂林民居、大竹岚峡谷……怡人风景，不胜枚举。

"林海竹乡""鸟类天堂""蝴蝶王国""蛇的王国""昆虫世界"……禀赋天成。

曾经，黄坑镇由宋朝皇帝赐名"嘉禾里"，结果却因一句"叶黄满坑金"的诗，改名"黄坑"！

黄坑农民，爱诗爱到疯狂？

现在，这里的农民要"打赏"全球诗人：帮我们补齐这首诗，奖励一座茶园！

不爱皇帝爱诗人，我们黄坑农民，就是不一般！诚邀天下诗人，为我们这个小镇补诗！

您所需要做的是：

将"叶黄满坑金"五字整体嵌入,构成一首完整的古体诗或词。

这份征诗令首先因为由"农民签发"而引发广泛关注,一个"令"字,让全球看到了黄坑农民两脚泥土上方挺直的腰杆儿。其次,"奖励一座茶园"也十分吸睛。而由蒙曼教授、中华诗词学会副会长胡迎建、"诗词七步王"陈建平等组成的终审评委团,也备受信赖与期待。

虽然古诗难倒了无数人,但100天内竟然收到了近3000首作品。据专家透露,本次活动的影响力超过了许多由全国性专业机构发起的同类活动。最终,上海七旬诗人高之嵩先生斩获特级金奖。

(陈琦辉 摄)

《红林檎近·嘉禾胜境》

作者：高之嵩（上海）

　　闽越易生景，嘉禾尤入心。山绿四围玉，叶黄满坑金。正遇秋风送爽，更享野曲飘音。炊烟落日归禽。佳境复何寻？

　　皇诏恩浩荡，朱子德鉴钦。源头活水，滋濡穗海茶林。叹人间世外，民安地兴，此生求索便是今。

历时百天：传播百万次

全球补诗大赛结束后，我们对活动进行了全面总结，向黄坑农民做了"汇报"：

北京时间2018年3月31日24时，由善良淳朴、风雅怀古的黄坑农民签发的"叶黄满坑金"全球补诗大赛正式截稿。百日补诗大赛，海内外华人积极响应。阿正传播不断推出征集创意，引发传播狂潮。

100天，"叶黄满坑金"已经登录了东方新闻网、连线中文网、第一新闻网、中国头条、今日中国、中国传媒联盟网、文化中国网、潮流中国、中国教育品牌网、中国发展网、资讯中国、视野中国、中华新闻、海外中文网、新浪新闻、搜狐新闻等媒体。

100天，网络搜索引擎，诸如百度搜索、搜狗搜索、360搜索、谷歌搜索、必应搜索对"叶黄满坑金"搜索结果的展现量彻底改头换面，仅百度搜索的搜索结果就狂飙式发展至600多个展现量。

100天，微博、微信朋友圈、微信公众号、QQ群等社交媒体充斥着"叶黄满坑金""农民征诗""征诗·茶园""全球补诗""来自南极的补诗作品""欧美华人热烈响应"的话题和文章内容。新浪微博上，全球补诗大赛官方微博发布推文@朱之文、@叶一茜、@人民日报、@中华好诗词、@诗词吾爱网、@浙江卫视向上吧诗词等大V账号的记录不胜枚举。

100天，诗作名家早已迫不及待地将自己的得意之作发表于博客、天涯、豆瓣、诗词吧、国学吧、黄坑吧、唐诗吧、宋词吧、古文吧、知乎等论坛社区，有着相同兴趣爱好的网民诗友虽然散布在全球各地，却能一抒才情、阐发己见于千里之外。

100天，诗词中国、武夷新区微友汇、阿正文创、中华诗词网等专注于诗词古文创意的媒体网站，对"叶黄满坑金"全球补诗大赛做了详尽的宣传报道，吸引着各自平台的诗作名家积极参与其中。

100天，有赖于美国侨商联合会、英国福建同乡会、法国工商联合会、意大利中意企业家文化交流协会、世界华商联合会等全球24个福建侨界组织的鼎力支持和宣传，"叶黄满坑金"全球补诗大赛成功传播开来，全球华人奔走相告。

100天，受大赛征召的诗友不仅是在华夏大地的各地诗作名家，还有来自世界各地的诗作名家。参赛作品通过微信、电子邮箱、纸质信件的形式，从羊城广州、冰城哈尔滨、落日孤烟的西疆大漠、小桥流水的江南水乡、守卫在祖国东南边陲的宝岛台湾，以及美国、英国、加拿大、澳大利亚、新西兰等海外国家，乃至企鹅的故乡南极纷至沓来。

100天，全球补诗大赛征稿圆满结束。

100天，诗友对"叶黄满坑金"耳熟能详。

100天，据保守测算，网络、纸媒、论坛、协会、社交平台等对"叶黄满坑金"全球补诗大赛的传播已逾百万条次，另有二次传播数据因技术及工作量问题无法统计。

今天，在评审老师们焚膏继晷地进行着评审工作的同时，"叶黄满坑金"全球补诗大赛组委会正式对外宣布，全球补诗大赛书法作品征集活动将于2017年12月20日正式开启。

全球补诗大赛的圆满成功，也得益于我们此前有过类似的成功案例：2007年为建邦华府项目服务时，曾联合中国楹联学会策划了"一字逾万金，只征半句联"的全球征联大赛。"征半联"的创意，被中国楹联学会誉为"中国征联史上的首创"，我也因此受聘为中国楹联学会发展委员会副主任，有了个"官衔"。

第二十章

生命人寿：事件营销推动企业高速发展

总部迁址通常是一个企业要做出战略调整的重要信号，而比迁址更重要的，是品牌重塑与战略重构。

2009年8月，我们应邀为生命人寿保险股份有限公司[①]（简称"生命人寿"）提供品牌和企业发展战略咨询服务时，它的总部刚从上海迁到深圳不久。企业大楼高耸气派，但企业的灵魂——品牌与战略，实际上尚未"入驻"。

我们首先注意到体现企业品牌理念的标志。那个由水滴构成的标志，据说创意原点是"生命的胚芽"。标志是平面的，延展使用时缺乏张力；天蓝色又属冷静色系，不但视觉冲击力很弱，而且有一种冷静的距离感；从传统文化的角度看，它或许意味着企业将长期处于胚芽般幼弱的状态。更深入的研究让我们大吃一惊：这个标志竟然与英国一家足球杂志上出现过的一个标志如出一辙！这个发现以及一系列的相关解读，让企业痛下决心重新设计。毕竟，换标对一个在全国有许多分公司和经营网点的企业来说，意味着将产生一笔巨大的支出。

标志的设计，起点并不是标志本身。它的出发点，是企业战略、企业文化、企业品牌理念。

我们的具体工作从解读研究保险行业的市场竞争态势开始。这个行业的特质，决定了第一阵营全部是大型央企。民营保险企业的角逐，都在第二阵营这个

[①] 生命人寿保险股份有限公司于2014年11月27日更名为"富德生命人寿保险股份有限公司"。

赛场展开。生命人寿当时以年保费收入70亿元居于第二阵营的中下游。当然，在它的后面，还有许多体量更小的保险公司。

我们认为，未来12个月内，生命人寿首先应确立新的形象定位，衡量企业业绩水平的销售量不应成为首要目标，某些产品可以根据市场实际情况，采取预测的方法制定短期销售目标。未来，生命人寿发展的总体目标，应该是年保费收入进入国内品牌的前六名（最低战略目标，即第二梯队中部），力争成为第四名（最高战略目标——在前三名不可逾越的前提下）。

品牌重塑：让企业形象形神兼备

保险业最大的问题是产品的同质化。一个创新产品，不出一周，便会在同行业中遍地开花。因此，企业的形象，尤其是文化形象，就成为市场竞争中差异化的重要支点。

几经研讨，我们为生命人寿确立了"爱在生命"的文化理念。一切品牌重塑的思考，都从这里出发。

新标志的设计是重要一环。我们从保险业最大的价值点去发掘：珍重生命，重承诺，守信用，高效理赔，一诺千金，一言九鼎。

"禹铸九鼎"的传说、世界上最大的青铜器商后母戊鼎，成为新标志的"形"的文化依据；印信的"红"，成为新标志的"色"的依据；将"生命人寿"品牌名巧妙设计，融合为"寿"字，构成了全新的形象。为了强化差异和提升文化内涵，标志的色值用的是"中国红+9"，意味深长。

新标志赢得一片喝彩，整个VI系统的更新给企业带来了全新的、富有识别度的形象。

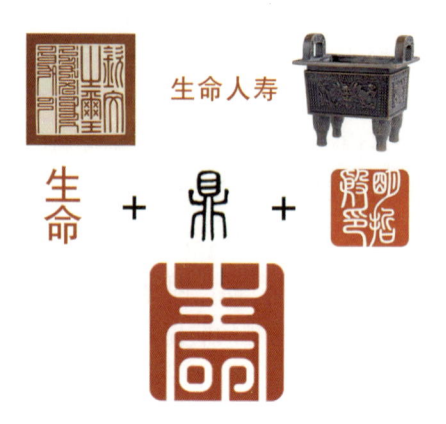

事件营销：转瞬即逝的机遇

经过一系列的品牌重塑、战略重构、客群聚焦、产品理念创新，生命人寿呈现良好的增长态势，业务蒸蒸日上。

但互联网的强大记忆，使此前企业在网络中沉淀的品牌口碑，一直影响着它的更进一步发展：和所有保险企业一样，投保者和保险企业之间，在索赔金额评估、保险理赔时效等方面，永远存在着不同程度的争议。生命人寿在这方面同样累积了不少的负面评价。因此，及时改变市场舆论印象、扭转品牌形象成为至关重要的使命。

传统的方式，需要漫长的积累才能渐进式地改变企业形象。如何通过事件营销，巧妙而快速地提升企业形象，使其形成超越同行的品牌形象和影响力？

2010年1月13日，海地发生强烈地震，正在海地执行国际维和任务的8名中国警察全部遇难。举国震惊！1月19日，8名烈士的灵柩由专机接运回国。1月20日上午，中共中央原总书记胡锦涛同志亲率政治局全体常委到北京八宝山革命公墓礼堂，同首都各界群众一道，深情送别在海地地震中不幸遇难的8位中国维和警察。

这是牵动全国视线的重大事件。全国人民都沉浸在悲痛之中。

中国参与联合国组织的维和行动始于1990年。在将近20年的时间里，中国参与了24项联合国维和行动，总人数超过1.4万人次。2009年，依然有2100多名中国警察、军事人员和民事官员在全球10个任务区执行任务。

这些任务区从非洲的达尔富尔、刚果（金）、利比亚到加勒比海的海地，无一例外都是很危险的地区。可以说，哪里有危险，哪里战火弥漫，哪里有天灾人祸，哪里就有中国维和人员的身影。

截至2009年，中国派出的维和人员中并不包括作战部队，而是军事人员、警察和民事官员。因此，即使是参与维和的军事人员，也不是从事作战任务，而是提供工程、运输、医疗和其他后勤服务。中国维和人员，无论是军事人员还是警察，都缺乏主动的武力自卫能力，处于随时被攻击的危险状态。

这种危险境遇恰恰反映了中国的良苦用心。从联合国布局的维和任务区可以看出，中国的维和任务区都是亚非拉的穷国和小国，它们的惨痛遭遇，中国也曾经历过。中国在这些地区维和，是感同身受，是与它们惺惺相惜的。中国知道，这些国家亟须的是和平，希望的是重建，而不是外来的军事压迫和干预。因此，中国维和部队是以和平建设的形象示人，是以实际行动来赢得世界和任务区人民的尊重。

1990—2009年的20年间，中国维和行动遍布世界各地的"热点"地区，成效显著：累计新建、修复道路8000多公里、桥梁200多座；排除地雷和各种未爆炸物8700枚；运送物资43万吨，运输总里程达700多万公里；接诊救治6万多例病人。联合国前秘书长潘基文说，中国在维和方面"表现卓越"。与此形成鲜明对比的，是中国从未在任何一个国家派驻作战部队，更没有所谓的军事基地。

当中国第一次派出维和部队时，西方国家议论纷纷，对中国军队走出国门不乏猜忌和阴谋化解读。中国维和20年，身体力行地确证了中国维和部队是真正的和平之师、正义之师和建设之师。中国维和行动正成为国际社会的典范。

在地球村时代，哪个地方出了问题，地球人都有责任和义务去抚平和化解。就此而言，联合国框架下的全球维和行动承担着救火队的责任。如何维和？是采取以暴易暴的外力弹压方式，还是以和平宣化的方式？中国用实际行动交出了令世界满意的答卷。全体中国维和警察舍生忘死，英勇奋战，经受了枪林弹雨的考验和血与火的洗礼，创造了辉煌业绩，全部被授予联合国和平勋章，赢得联合国、驻在国政府和人民以及国际警界同人的广泛赞誉。部分中国维和警察凭借突出的工作业绩，相继担任任务区行政管理、行动规划、后勤保障等部门的主要领导，先后有30多人在任务区担任副总警监、地区警察局长等中高级职务，有2人被选拔到联合国纽约总部工作，有5人被聘请为联合国维和训练教官。

我深切地意识到，参与国际维和行动对国家意义重大，而突发的牺牲，牵动了全国人民的心。我开始思考：如何去弘扬他们的爱国精神，如何让中国的维和将士后顾无忧？

一个大胆的创意策划快速形成，并在第一时间获得生命人寿领导的认可："让共和国维和将士后顾无忧——生命人寿向中国维和警察捐助巨额保险"。

三项"第一"：密集创意创造出几何级数的传播

几天后的1月29日，我带着方案，火速拜访了中国警察协会维和警察专委会主任张世瑷将军。我在汇报中说：

> 在地球上最危险的地区维护和平的中国维和将士，是一群有勇气、将脑袋别在腰带上为国效命的钢铁战士，他们不辱使命，为祖国和人民赢得了全世界的尊重和赞誉。而中国勇士们心中最牵挂的是远在家乡的父老妻儿。这个捐助巨额保险的公益方案，就是要让中国的维和将士后顾无忧，全心全意为国效命，以和平正义的力量树立中国的国际形象，去赢得世人的敬重。

张世瑷将军十分赞赏这个方案。在他的协调下，我与公安部国际合作局进行了充分沟通协调，并获得了高度认可。

2010年4月19日，生命人寿保险股份有限公司向中国维和警察及其家属捐赠保险签约仪式在北京饭店隆重举行。联合国维和局向捐赠大会发来电文，高度肯定了这一创举。

根据协议，生命人寿将价值近5亿元人民币的保险额度赠予中国维和警察及其家属，该保险涵盖意外伤害及重大疾病险。在计划框架中，协议签订后3年内，所有外派执行维和任务的将士及其家属，都可以享受到生命人寿赠予的保险。

（阿正公司供图）

此项策划诞生了3个第一：

世界保险业历史上第一次"为战争赔付"；

世界维和史上第一次民营企业参与国际维和事业；

世界上第一次为远离战争环境的后方家属投保。

生命人寿为中国维和警察和他们的家属提供无偿捐助、积极履行社会责任的消息，感动了全国人民，无数媒体给予其好评，认为生命人寿将"爱在生命"的企业理念以前所未有的创新方式进行了一次很有意义的探索与实践，为中国的公益慈善事业做出了贡献，发扬了中华民族的传统美德，树立了良好的国际形象，在国际国内产生了广泛的影响。

（阿正公司供图）

感动于中国维和将士英勇无畏的精神，感动于维和将士家属的牺牲精神，我们借助举国瞩目的重大事件，凝聚社会正义力量，为企业创造了一次践行企业品牌理念、弘扬企业文化精神的良机，让企业的公众形象获得了极大的提升，也迎来了企业的大发展。短短几年，生命人寿便由年保费收入70亿元，一跃达到年保费收入800多亿元，成为中国保险行业第二阵营的领衔企业。

"传播影响命运"，此言不虚！

第二十一章

"难忘方毅"永久电子纪念馆：
人物形象传播的创新尝试

　　方毅副总理是中国共产党第八届、第九届中央委员会候补委员，第十届、第十一届、第十二届中央委员，第十一届中央政治局委员、书记处书记，第十二届中央政治局委员，国务院原副总理，第七届全国政协副主席。

　　方毅副总理是我党历史上一位非常独特的领导人，他精通多门外语，高度重视科学；坚决执行邓小平同志的指示，在科技和教育界批判"两个凡是"的错误，推动教育部门在当年就恢复了高考制度；在我国能源、交通、通信等十几个重要产业领域的技术政策研究和经济建设中发挥了重大作用。

创新：建立一座永久的、全天候的"电子纪念馆"

　　方毅副总理逝世多年后，有关方面曾拟议筹建方毅纪念馆。2018年秋，在研讨过程中，我提出，建立纪念馆无疑是宣传纪念方毅副总理很好的方式，但在互联网高度发达的今天，应该考虑更适合青少年访问学习的方式。几经讨论，各方接受了我们的建议，决定以公众号的方式，建立一座永久的、全天候的"电子纪念馆"。

　　受有关方面委托，阿正极端策划承担了"难忘方毅"电子纪念馆策划设计及以新媒体方式传播《难忘方毅》电视文献纪录片这一重要而光荣的任务。

我们团队在有关方面和方毅家属的支持配合下,开展了六大项前期准备工作:方毅副总理工作照片整理、编号、归档;方毅副总理生活照片整理、编号、归档;方毅副总理书法作品整理、编号、归档;方毅副总理视频片段剪辑、编号、归档;方毅副总理人物传记整理、编号、归档;方毅副总理亲友评价整理、编号、归档。

在全面解读、收集整理、编号归档的基础上,我们提出了"建立'难忘方毅'永久电子纪念馆(微信公众号)"策划方案,电子纪念馆里的陈列计划分为"百图生平""鲜活人生""影像缅怀"3个大板块。

"百图生平"板块以图片、照片的形式,阐释方毅副总理的人生经历,其下又分列"工作百照"(内含200张照片)、"生活百照"(内含100张照片)、"书法百幅"(内含100张照片)3个小板块。

"鲜活人生"板块以文字描述的形式,从多个角度展示方毅副总理的人生经历,其下分列"百年诞辰"(《人民日报》刊登的《刘延东在纪念方毅同志诞辰100周年座谈会上的讲话》)、"人生回眸"(《方毅传》碎片化处理的40大章百余小节)、"众话方毅"(方毅副总理亲朋同事对其评价,共16期)、"留言精选"(电子纪念馆游客的留言精选,持续更新)4个小板块。

"影像缅怀"板块以《难忘方毅》电视文献纪录片为素材,通过分主题剪辑,以适合当代人碎片化观看的方式,展示方毅副总理的一生历程,共包含40个视频短片。

"难忘方毅"永久电子纪念馆的策划设计与搭建,历时整一年。电子纪念馆搭建的过程,也是"难忘方毅"展览内容逐步与受众见面的过程。在这个过程中,方毅副总理的革命精神、崇高品德和优良作风,通过微信公众平台,传送给每一位关注和阅览纪念馆内容的受众,深刻影响着新一代年轻人的世界观、人生观、价值观。这种新型纪念形式,也受到广大受众的一致好评!

在今后漫长的历史长河中,"难忘方毅"永久电子纪念馆将世代流传,以方毅副总理为代表的老一辈革命家的高尚品质、奉献精神将薪火相传,持续发挥积极作用!

系统传播：让伟大人物精神成为民族的宝贵财富

与"难忘方毅"永久电子纪念馆的建设同步，我们开展了以《难忘方毅》电视文献纪录片播出为契机的全网传播：门户网站宣传文稿撰写；社交平台话题文章撰写；《难忘方毅》纪录片片段剪辑、筛选；十大网络平台账号注册；百度百科内容整理、发布。这是一项贯彻"传播影响命运"理念的细致工作。

1. 建立"难忘方毅"百度百科词条

"难忘方毅"百度百科词条的建立，一方面将《难忘方毅》电视文献纪录片的基本信息和分集内容公示于网络，吸引网友观看电视片；另一方面借助百度这一公信力平台，为《难忘方毅》电视文献纪录片建立了有力的网络背书。

2. 在各大网站发布纪录片播出预告

在中华新闻网、中国网等发布《难忘方毅》电视文献纪录片播出预告文章：《四十载改革献礼 后来人〈难忘方毅〉——方毅副总理纪录片央视开播》，既是对央视栏目预告的有力补充，也是针对以"80后""90后"群体为主的网民受众的指向性信息传播。

3. 发布纪录片观后感

在天涯社区，发布《难忘方毅》电视文献纪录片观后感文章，深度影响"80后""90后"群体，扩大方毅副总理事迹在青年群体中的知名度，并通过深度挖掘方毅副总理感人至深的革命奉献精神，引起青年一代对这种精神的学习和讨论。

网易是知名的门户网站，其用户基数庞大。我们在网易发布《难忘方毅》电视文献纪录片观后感文章，既是对电视文献纪录片的宣传，也为上传至视频网站的《难忘方毅》电视文献纪录片吸引更多观众，让更多的人通过网络观看到这部具有教育意义的人物文献纪录片。

4. 发布纪录片深度情感文章

在豆瓣上发布《难忘方毅》电视文献纪录片深度情感文章，并创建与《难忘方毅》电视文献纪录片相关的讨论话题，以情动人。

5. 在新浪网发布形象文章

新浪网是中国四大门户网站之一。新浪微博是网络达人聚集的社交平台，用户达4亿。在新浪网和新浪微博发布方毅形象文章，让有影响力的人群进一步关

(方毅的子女供图)

注《难忘方毅》及其背后的故事。

6.在今日头条发布评论文章

今日头条是新一代网络社交平台，发展迅速，已拥有3亿用户。在今日头条发布的《难忘方毅》电视文献纪录片评论文章，引发广泛的学习和讨论。

7.在百度知道设立问答

在百度知道提出问题，并做出回答，在回答中将《难忘方毅》电视文献纪录片的内容信息和播出信息以及网络资源信息搭载进去。通过平台本身的答题金币奖励机制吸引百度用户关注问题及纪录片，以达到宣传《难忘方毅》电视文献纪录片的目的。

8.在知乎问答设立问题

知乎是网络问答社区，拥有2.2亿高知用户。在知乎问答提出问题，并做出回答，吸引高知用户的关注。

9.在抖音发布碎片化视频

抖音是新兴火爆的短视频社交App，抖音85%的用户年龄低于24岁，正是《难忘方毅》电视文献纪录片立意教育和影响的年青一代。在抖音短视频App中发布纪录片短视频，起到了积极的宣传教育作用。

在《难忘方毅》电视文献纪录片正式播出前后，我们团队在十大网络平台，分角度、有步骤地进行了播前、播中、播后3个阶段的宣传。十大网络平台覆盖了以第三方权威信息为主的百度系，作为年轻人社交群体聚集平台的豆瓣、天涯论坛系，以新浪、网易门户网站为代表的大众系，以百度知道、知乎为代表的问答系，还有以抖音短视频为代表的年轻人短视频社交平台。

十大网络平台的宣传，不仅为《难忘方毅》电视文献纪录片的播出做出预告，也形成网络永久存在的文献纪录片信息，为上传至视频网站的《难忘方毅》电视文献纪录片持续引流，引导网络用户进入视频网站进行观看，起到持续性的宣传作用和教育作用。

《难忘方毅》电视文献纪录片的新媒体传播效果十分喜人。我们在抖音平台建立的"难忘方毅"账号，共发布视频11个，短短一个月，有83万人观看了视频，其中5.2万人观看视频后深有感触，为视频点赞，328人留下评论，进行互动。有1129人关注了"难忘方毅"账号，期待着视频的继续更新。保守估算其他九大网络平台，当月影响人数过百万。一个月间，新媒体十大平台宣传的影响人数已达200万人次。而且，由于传播媒体和平台的选择偏向性，"80后""90后"群体占绝大多数，实现了深度影响和教育年青一代的既定目标。

这样的效果，与建设实体纪念馆相比，还是有一定优势的。

以新媒体方式传播党和国家领导人的事迹，这是一次有益的尝试，不但节省了大量人力物力，而且极大地感动、影响了年青一代。为了稀土等战略矿产的开发，方毅副总理带着年幼的孩子，不顾危险到达地下数百米的矿井；被国民党关进监狱，翻烂一本英语辞典，掌握了英语并能通读《资本论》原著；20世纪80年代，在引进德国技术的谈判中亲自以德语交流；为了推动正负电子对撞机项目的立项，带着模型上政治局会议……这些与公众想象中的国家领导人形象截然不同的精彩故事，让人们感慨万千，被年青一代津津乐道。

伟大人物的精神，应该成为我们民族的宝贵财富！

第二十二章

王老吉—加多宝商标权之争：
一场实现传播大反转的事件

王老吉凉茶是一个百年传奇品牌。它身上发生的众多故事，一直被世人津津乐道。10多年前，这个百年老品牌的拥有者广州医药集团有限公司（简称"广药集团"），与租赁运营这个品牌的香港加多宝集团，发生了一场旷日持久的"王老吉—加多宝"商标权之争，成为当年万众瞩目的事件。

王老吉凉茶创立于清道光年间（1828年），创始人王泽邦被公认为凉茶始祖。王泽邦于1813年出生在广东鹤山市古劳镇上升村，小名王阿吉，父母以务农为生，但他自小嗜医好药。因岭南暑热，凉茶盛行。他以岗梅根、金樱根等10余种山草药配制成凉茶，以大碗茶形式摆档，广受欢迎。后来，王泽邦举家迁往广州。

清道光年间，广州暴发瘴疠，疫症蔓延。为挽救患者，被称作王老吉的王泽邦历尽艰辛，研制出一种凉茶配方，帮助人们躲过了灾难。王老吉从此名声大噪，被誉为"岭南药侠""凉茶王"，民间流传有"王老吉，王老吉，四时感冒最使得，饮一茶啦最止咳"的说法。相传，钦差大臣林则徐曾请王泽邦开药调理，药到病除。林则徐遂命人送来一个铜葫芦壶，上书"王老吉"3个大金字，寓意"悬壶济世，普救众生"。从此，王泽邦便以"王老吉"为号，首创凉茶铺，兼卖王老吉生药茶包。1883年，王泽邦辞世，他的凉茶事业由3个儿子继承并"三家分号"。到了第三代，王老吉的生意十分兴旺，外销尤盛，遍及英国、美国、荷兰和南洋各埠，又于中国香港、澳门开设分店。其间，王老吉的"缆线葫芦"成为第一个注册的华商商标，更被邀请参加英国伦敦的中国产品展览会，使外销生意更上一层楼。

抗日战争时期，"王老吉"的生意深受影响，抗战胜利后才恢复生产与外销。1949年之后，王老吉也与许多百年老店一样，进入了一个境内外分化发展的阶段。1956年，包括王老吉在内的八大老字号，组建了公私合营的王老吉联合药厂。1991年，从王老吉联合药厂发展而来的广州羊城药厂、羊城滋补品厂又携手广州市轻工研究所共同开发王老吉凉茶饮料，并成功研发了中国最早的预包装凉茶产品，也就是如今常见的盒装与罐装王老吉凉茶饮料。但由于"凉茶"概念不被外地人认可，未能走出广东，年销售额多年在2000万元上下徘徊。

1997年，广药集团与香港鸿道集团签订了商标许可使用合同，授权鸿道集团子公司加多宝集团在国内销售红罐王老吉。2000年时再签合同，双方续约至2010年5月2日。2003年6月，通过签署第二份补充协议，双方将租赁时限延长至2020年。

商标被加多宝集团租赁经营后，王老吉年销售额大幅增加，但到了2002年，仍在一个亿左右徘徊。2003年，"怕上火，喝王老吉"的广告语推出，这个"预防上火"的定位给王老吉带来革命性的变化，其销量暴增。

在"怕上火，喝王老吉"广告语之后，让王老吉再度飞跃的是其在2008年汶川地震时赈灾捐款1亿元、2010年玉树地震时赈灾捐款1.1亿元的豪举。这两次事件营销，让王老吉享有了极大的美誉。王老吉的年市场销售额一举突破200亿元，当时，独霸中国饮料市场20年的可口可乐在中国市场的年销售总额是160亿元。

然而，随着这款饮料的市场价值逼近300亿元，一年区区500万元的品牌租赁费，让广药集团不但"心有不甘"，还面临"国有资产流失"的舆论风险。

2010年11月10日，广药集团宣布，经北京名牌资产评估有限公司评估，旗下"王老吉"品牌价值为1080.15亿元，成为当时全国评估价值最高的品牌。同时，广药集团宣布，在全球范围内公开招募新的合作伙伴。这预示着广药集团将收回加多宝的租赁经营权。

2011年，王老吉与加多宝的商标权之争公开化。2011年4月，广药集团递交"王老吉商标"仲裁申请；2011年12月，"王老吉商标"案进入仲裁程序。

这当然是一场对双方都极为重要的法律争端。而在法律之外，双方在媒体上的言论战更是如火如荼。这也是10多年前中国企业从欧美学来的维护企业自身利益的方法：每遇争端，都请专业咨询机构、公关传播公司助力，调动传播资源，运用传播策略，展开舆论大战，争取公众的支持。

从那个阶段各媒体出现的不同声音看，无论是广药集团还是加多宝集团，都请了不少外援，一面申明自己的立场，一面驳斥对方的言论。

为了应对这个致命的变局，加多宝引入多个国际国内知名机构进行咨询和公关传播，意图捍卫自己的权益，但投入巨大，却没能见到明显效果，不但品牌被收回的风险像达摩克利斯之剑始终悬在头上，舆情也始终未能转圜：明确知道"加多宝"的，仅有5%；在双方争辩中支持"这一方"的——公众在旷日持久的争端中模模糊糊地知道"这一方"，而非准确的"加多宝"——仅为15%左右。

"生父"与"养父"：一对让公众瞬间辨明是非的概念

当年11月的一天，一位老友请我到恒基中心喝酒。到那儿一看，他竟然只请了我一人。看到我意外的表情，他说，今天有特别重要的问题单独请教。原来，他接了一个最近议论纷纷的单子：王老吉与加多宝商标权之争！

酒过三巡，他对这场争端的来龙去脉做了介绍。然后问我：下一步怎样才能帮助加多宝扭转局面？

我沉吟半晌，说，问题的根本，应该是事件的公众关联度不足。我以自己做过的南极DOME A项目为例，说明公众的关注度源于事件本身能否建立起它与公众的情感或利益关联：消费者虽然"怕上火"，纷纷"喝王老吉"，但他们并不关心两个公司打架争品牌的事。换言之，有鸡蛋吃就是，谁还管是哪只母鸡下的！在这种心态下，消费者往往只盯着红罐上大大的"王老吉"三个字，而根本不会注意那行用小小的字号注明出品企业"加多宝"的文字。不突破这一点，让消费者关注"下这个蛋"的"那只母鸡"，再大的传播投入也无济于事。无法渗透并占据公众的心智，自然也无法争取公众的支持。

他恍然大悟，但不吭声，举了举杯，示意我继续。

如何扩大事件的公众关联度，让消费者了解并认知出品方加多宝，认定是加多宝成就了王老吉的无限风光？此前，海量的正面传播与广告投放，已证明常规的套路化的传播方法于事无补。澄清事实——我提醒他，这里说的澄清无关法律层面，面对双方各执一词的纷争，咨讯传播服务机构是绝不能介入法律争端的——需要一个巧妙的创意或切入点。

围绕饮料本身所做的种种努力已被宣告无效，我们必须跳出产品本身寻找切入点，而这个切入点还必须触及公众心智中已有的认知、观念。

我提出了一个巧妙的切入点：将企业的品牌之争转变成中国人的传统价值观之争，使之成为全民关注的事件，这样才能从根本上扭转局面。我建议，要从民族传统文化中寻求情感关联：广药集团是"王老吉的生父"，加多宝集团是"王老吉的养父"。《三字经》说："养不教，父之过。"一个生父，在将孩子"过继"给他人之后，眼见孩子出人头地、名闻天下，便欲"夺回"，显然有悖中国人的价值观。在这样的语境下，受千年传统价值观影响的中国消费者，还会"吃蛋不问母鸡"吗？

朋友素来是个行动的巨人，不日就付诸实施了。

这个传播点横空出世，不但瞬间引发了全民关注，传播面成几何级数扩大，而且使消费者瞬间认真起来，"生父"的行为受到"质疑"，"养父"很快赢得了同情：加多宝的舆论支持率很快实现了反超。

引入乔布斯的故事：引爆舆情的一把大火

受到加多宝夸赞后，这位朋友热忱地登门答谢，并请教我是否还能有升级版的传播创意，争取更多的公众认同，在传播上彻底反转，占据绝对优势。

我提到了当年全球最红火的一号人物——史蒂夫·乔布斯（Steve Jobs），并在他惊异的表情中，说出了我的创意。

一个多月前，即2011年10月5日，苹果公司联合创始人史蒂夫·乔布斯因患胰腺神经内分泌肿瘤病逝，年仅56岁，在全世界引发广泛的哀悼。大量的回忆文章证明：这个伟大的发明家，是一个被生父抛弃的孩子！

1955年，刚出生不久的乔布斯，就被酗酒成性的父亲送给了养父母保罗·乔布斯（Paul Jobs）和克拉拉（Clara）。是养父母让乔布斯接受了良好的教育，助其成就了辉煌的人生。

当乔布斯成为这个世界上最成功的男人时，他深深感恩将他培养成人的养父保罗·乔布斯。而目睹乔布斯成为天下人偶像的生父，在发出3封电子邮件却未获得亲生儿子回应后，保持了沉默。

这个令人悲伤的故事，让他感慨万千！在他的恳请下，我连夜写出了《中国王老吉和美国乔布斯：命运异同的背后》，从多个角度比较了"中国王老吉"和"美国乔布斯"的"生父"、"养父"。文章发表后引发热议，加多宝的支持率由前期的"反超"再度跃升，达到85%以上！

是是非非：关于商业与伦理的思考

事后我们聚在一起，作了一次专业性的复盘：出于对中国公众价值观的理解、把握和尊重，在"王老吉—加多宝"之争的传播中确立了精准的传播点，在吸引海量关注的前提下，基于公开资料，客观地为公众厘清王老吉的发展史和商标争端的原委，让公众有兴趣去了解，他们喜欢的"鸡蛋"，生产它的"母鸡"是加多宝而不是广药集团——成就"王老吉"的，是"养父"而不是"生父"。这引发了公众的极大共鸣，公众从自身的价值观和公理的角度，纷纷做出自己的判断。乔布斯命运故事的引入，大大助推了消费者的选择和表达。

法庭的审理结果证明，加多宝在以低价获取经营权的过程中，确实有行贿等不端行为，经国际仲裁，2012年5月9日，加多宝还是失去了王老吉的品牌运营权。但由于整个传播过程为它打下了关键的认知基础，使它牢牢占据了消费者的心智，它随之成功地由"品牌运营商"蝶变为"品牌"，将大多数消费者成功转换到全新品牌下，品牌运营商加多宝躲过了一场灭顶之灾，完美实现了传播的意图和目标。

客观地说，在正常情况下，"加多宝"3个字是不可能作为饮料品牌名的。它后来成为凉茶的主要代名词并保有了全国六成以上的凉茶市场份额，这场精妙的传播之战功不可没。加多宝败诉后推出的广告——"还是一样的配方，还是熟悉的味道"就证明了这一点。

"在收到仲裁结果后的第一时间，我们终止了王老吉凉茶的生产销售，开始全力打造自主品牌加多宝。"加多宝集团品牌管理部副总经理王月贵在接受媒体采访时说。当时，终端市场调查发现，消费者已经知道并接受了加多宝凉茶，乐意购买更名后的加多宝凉茶。

加多宝相信媒体传播已经成功扭转、信心倍增的时候，在我这位朋友的反复建议下，在仲裁结果宣布前，加多宝抢在2012年4月推出了一款新的包装：红罐王老吉的罐身上，一面印着"王老吉"，一面印着"加多宝"，两者字号大小相同，明确地向市场传递出"加多宝=王老吉"的信号。随后，其广告语也变更为"怕上火，喝加多宝""正宗凉茶，加多宝出品"等。到了2012年7月，随着加多宝在媒体上广告投放力度的加大，"全国销量领先的红罐凉茶改名'加多宝'"这句广告语，更是被反复强化。在国际仲裁中败诉的加多宝，逃脱了整体归零的命运，断然转身，基本可以说是"风采依旧"。

王老吉成为搜索热词

10多年过去了，广药集团和加多宝的恩怨故事仍在继续着：

2017年8月16日，最高人民法院终审判决认为，广药集团与加多宝公司对涉案"红罐王老吉凉茶"包装装潢权益的形成均做出了重要贡献，双方可在不损害他人合法利益的前提下，共同享有"红罐王老吉凉茶"包装装潢的权益。

2018年1月，王老吉起诉加多宝侵权案败诉，3亿元赔偿等诉求被驳回。

2019年7月1日，王老吉商标纠纷案被最高人民法院裁定发回重审。

......

也许这一对从"兄弟"演化成的"冤家",在未来还要互相诉诸法庭、诉诸舆论,给世人留下似乎永远也扯不清的恩怨故事。如果他们的"绯闻"在几十年后还有看点,他们也还有力气争吵,那就说明,他们依旧站在市场大潮的潮头。

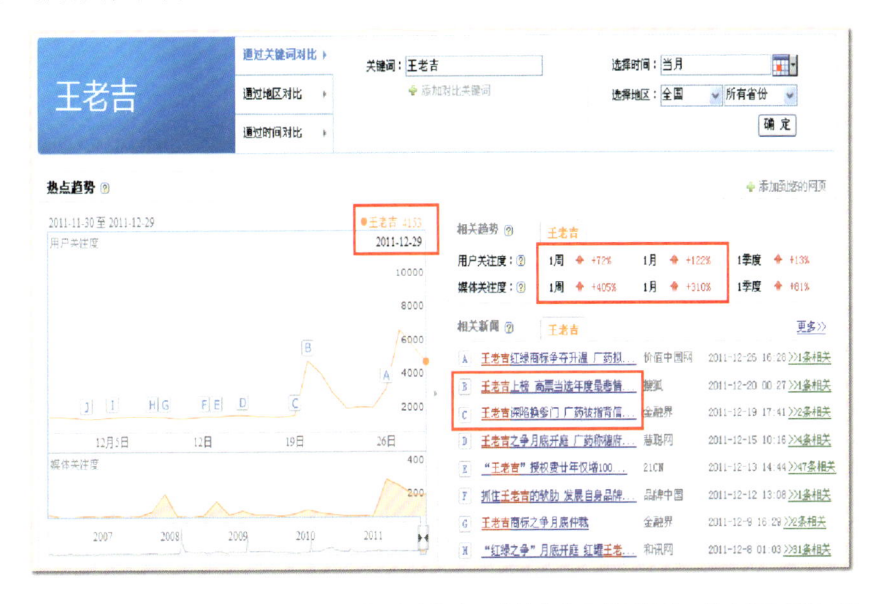

关键词"王老吉"在百度搜索上的总量提升,最高幅度超过6倍

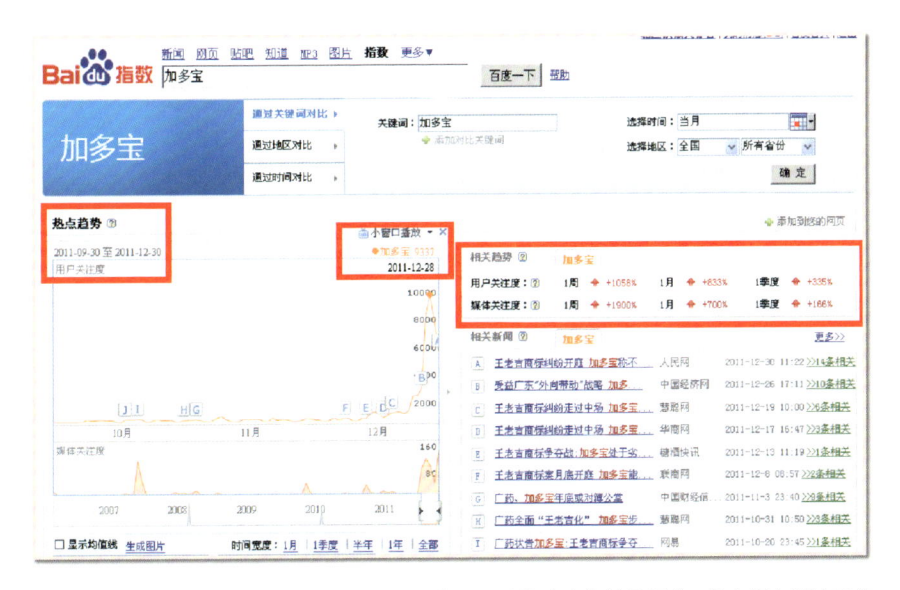

关键词"加多宝"在百度搜索上的总量提升,最高幅度超过30倍

写在末尾

重构人生坐标，相信"骏马面前无沟壑"

一生散尽家财、捐赠文物，"撑起了故宫顶级书画半壁江山"的民国第一收藏家张伯驹，后半生命途多舛，却处之泰然，其品格之高、格局之大，世人难以望其项背。红学家周汝昌揭示了其中的奥秘："他为人超拔是因为时间坐标系特异，一般人……顶多十年八年，而张伯驹的坐标系大约有千年，所以他能坐观云起，笑看花落，视勋名如糟粕、看势力如尘埃。"这等人生境界，令人神往！

作为普通人，我不敢妄想能达到那样的人生境界，但希望自己至少能放大格局，"坐观云起，笑看花落"，直面命运，并以"骏马面前无沟壑"的勇气，尝试去谋求更好的人生。

至少在策划的世界里，我始终是以"上下五千年，纵横八万里"作为思考的坐标。此前20年的些许积累，皆因于此。

茨威格在《断头皇后》中说："她那时候还太年轻，不知道所有命运馈赠的礼物，早已在暗中标好了价格。"一个人若欣喜于一时的命运馈赠，最终很可能会被命运嘲弄。

我想借茨威格这个句式说："那时候还太年轻，并未预料到，命运在折腾你的时候，早已在暗中给无惧坎坷、越过沼泽抵达未来的你，开好了幸运的承兑支票。"我们要坚信，只要放大人生坐标，不汲汲于一时之得失，命运终将会有公平的回报。

坚守初心，坚信大道至简！

如果不相信"命由天定"，那么策划将改变命运！

佛教有八万四千法门之说，皆可得道成佛。《贤劫经》中有言："佛法八万四千法门，一一皆可成佛。"

老子在《道德经》中说："万物之始，大道至简，衍化至繁。"大道至简意味着"少而精"，与博大精深的"多而广"是一体的两面。唯有博采众长、融会贯通，再整合创新、去粗取精，才能抓住要害和根本，正所谓"为学日益，为道日损"。

孔子在《中庸》里说："天地之道，可一言而尽也。其为物不贰，则其生物不测。"这句话的意思是：天地运行之道、事物发展之道，用一个"诚"字就可以概括。因为至诚、纯粹、心无旁骛，所以心生万法、滋养万物。

1600多年前，罗马皇帝尤利安（Julian）说过一句名言："条条大路通罗马。"（All roads lead to Rome）这句话被记录在《罗马典故》里，成为流传于世的一句谚语，它告诉世人：做成一件事的方法不止一种，等着我们去发现的人生之路也不止一条。

大道至简！诚所谓"真传一句话，假传万卷书"。阿正极端策划的理念，简言之，就是运用"定位决定命运，策划改变命运，传播影响命运"这一系统思维，将品牌或事件推到极致，围绕核心竞争力构建全新的系统，实现"争第一、做唯一"的战略目标：

通过定位分析发现并确定核心竞争力；

通过策划创意重塑并强化核心竞争力；

通过传播设计聚焦并推广核心竞争力。

无论是个人、企业、景区、城市还是民族、国家，要谋求发展，这都是绕不开的三大步骤，也是最清晰、最高效的一条至简大道。

但问耕耘，静待花开

世人相信"一分耕耘，一分收获"，但人生不如意事十常八九，命运拿我们开玩笑的事从未少见。因此，我们必须知道：不是每一次努力都会有收获，但是，每一次收获却都必须付出努力。从这个角度说，曾国藩的"莫问收获，但问耕耘"不失为一个好的选择。

曾国藩的一生，以修身齐家治国平天下为己任，内圣外王，内圣则格致诚正，外王则修齐治平。他立志、修身、为学、齐家、为官、识人用人、平治天下，以"不为圣贤，便为禽兽；莫问收获，但问耕耘"为一生谨遵的座右铭，成为晚清时期著名的政治家。毛泽东曾说："愚于近人，独服曾文正。"蒋介石也称赞："曾公乃国人精神之典范。"

让我们直面强大的命运，努力耕耘，并期待"梧高凤必至，花香蝶自来"。

如若凤未至、蝶不来，亦淡然视之，毕竟，与命运"交过手"，也不枉此生了！

让好奇心引领着，永远走向远方

恩师陈孔立教授年逾九十而笔耕不辍，杨锦麟先生年近七旬依旧每日输出思想，本书推荐者俞敏洪先生功成名就仍在一线奔忙……生命的价值、奋斗的意义，是他们人生的履痕。他们，永远是少年。

走出大山，到过天边，我面对的未知世界依然那么辽阔，无际无涯。日益增强的好奇心，指引着我继续走向远方。

站在泰山极顶，我看到了和谐共处的"众神"；站在南极，我相信了人类"诺亚方舟"的存在；站在三星堆，我判定那个形似奔驰车方向盘的"太阳神"就是人神对话的"媒"，并创意"成都平原上的'三个土堆'，应该外化为一个类似金字塔、长城、故宫那样的大地艺术造型，让外星归来的文明一眼认出他们的故乡……"

好奇心永远牵引着我，探究未知的路，永远没有尽头。

附 录

附录1

全球首次人文学者南极行纪实

我从南极归来两年后,出版了考察札记《企鹅的请柬——全球首次人文学者南极行》,其中,有两篇小文描绘了出行前的生存训练、心理测试,回答了"南极究竟有危险吗"。特摘录如下,以飨读者。(有删节)

《心理测试与生存训练》

国人对如何揣摩别人的心理,自幼就"学习"得很上心,但对心理学尤其是心理测试,则大多还是陌生的。

早在南极考察活动开始策划前,我就多次与国家海洋局极地考察办公室主任、极地考察首席科学家陈立奇先生讨论过在南极期间的心理问题。他说:"南极是一个远离人类的地方,尤其在冬季,会有几个月的极夜,气候恶劣,环境单调,收不到电视信号,你成天见到的就是考察站上这么几个人,该说的话都说尽了,就会产生强烈的孤独感。一些人会产生严重的心理问题。1994—1995年,我们的一个南极考察队员就产生了心理问题。他总怀疑别人往他碗里投毒,而且怀疑家里人也被投毒了,后来,考察站只好设法把他送回来。一回来,他就好了。这是我国至今唯一一例因为心理问题被送回来的。国外的考察站中,甚至还发生过考察队员因心理问题酗酒后在考察站外冻死、纵火烧考察站、开枪打死人、劫机等形形色色的事件。"

陈立奇先生介绍的情况一直留存在我的头脑中，很难忘怀。后来，我根据这些情况，策划了一个"向中国'两站一船'①赠送图书"的活动，让极地科学家们在漫长的极夜中有书相伴。这是国内文化界首次向"两站一船"赠送精神产品的活动，引起广泛的瞩目。

我策划的"全球首次人文学者南极行"活动得到批准后，我想，虽然我们只是度夏队员，环境比越冬队要好无数倍，但也难保心理上不出任何问题。所以，在体检过后，我与陈立奇先生商量，决定还是做一次心理测试。

学者们对这个测试十分感兴趣。大概是因为他们总在给学生出各种各样的题，而已有多年没人给他们出题了。2000年8月24日，当我们坐在中日友好医院心理医生李子勋面前时，都有点儿兴奋。李医生说，目前还没有专为南极考察设计的心理测试方法，所以他选择了一个全世界通用的心理测试方法，叫作"明尼苏达多项个性测试"。这项测试涉及个性人格的方方面面，心理素质、应急能力、社会交往能力等都能反映出来，可以看出一个人有没有诱发诸如突发性抑郁症、惊恐症、偏执性人格等精神障碍的因素。

这套题总共有399道，我们很快交出答卷，然后等待结果。

结果是，大家都是健康的。让我感到意外的是，测试得出的大多数结论，在后来几个月的近距离观察中被证明是准确的。这真是一套颇为科学的测试体系。

在体检和心理测试之后，我对各位学者的户外活动能力还是有点儿担心，便商请陈立奇主任为我们安排一次集训——度夏队原本是不必安排集训的。2000年11月22日，我们被召集到国家海洋局亚布力中国极地科考训练基地，进行了为期3天的强化训练。

训练项目都是根据在南极可能遇到的危险设计的。

滑落急停。

当从冰原上滑向深渊时，要用手中的冰镐使自己停下来。教练夏立民说，要练到不通过大脑就能做出反应为止。他还说，去年（指1999年）一位攀登珠峰的好汉，就是因为没能掌握这个技术而壮烈牺牲。听他这么一说，大家都练得十分投入，人人都摔得伤痕累累，好像明天就要面临类似的险境

---

① 指"雪龙号"考察船和"中国南极长城站""中国南极中山站"。

似的。周国平教授听教练谈动作要领，听得十分认真，神情就像个小学生。训练时，他按教练的训导，一一执行，只见他坐在斜坡上，手握冰镐开始下滑，屈膝，翻身，奋力扣下冰镐，停住了！过了几秒，他突然想起教练的要求——一翻身就要把腿向后翘——连忙又在原地将腿向后翘起，这近乎学究气的严谨，令大家笑成一团。"唐老鸭"个高而且胖，又带着几分猴性，练得总不到位。摄像师要给每人都拍一次成功的滑落急停，结果，大家都过了关，唯独"唐老鸭"连拍了5条才过关，而他居然屡败屡上，不屈不挠，一遍又一遍，直到成功，赢得大家的喝彩。

挖雪洞。

就是在大风雪来临时，要挖个洞藏身。教练照例在讲解中提到它的重要性。于是，我们每人轮流上，认真地挖起了雪洞，像是在写博士论文。挖好后，个个兴奋不已，纷纷留影。邵滨鸿看了这个场景，评点说：天寒地冻的，大家还坚持作秀，真了不起啊！

冰缝脱险。

动作要领与攀岩相同。葛剑雄教授十分英勇，第一个上阵，结果折腾了半天，吊在空中，上不去，下不来，精疲力尽。大家见状，只好拥上前去，把他抬着解开了绳索。我这回总算得到一个作秀的良机，拿出当年攀树掏窝的本事，三下两下蹿得老高，很是得意，对着镜头摆了一个又一个造型，算是把在滑雪场上连连栽跟头的无奈给粉饰了一番。

滑雪。

除邵滨鸿外，每个人都不停地栽跟头，只好对摄像师说，别尽拍我们的丑态。出乎意料的是，周国平教授是所有男队员中滑得最好的，他个头不高，又有哲学家的冷静，不慌不忙，滑得非常出色。葛剑雄教授怎么也站不稳，又坚持不要别人帮助，进步非常缓慢。事后，他自嘲地说："看来我的小脑不行，掌握不好平衡。"邵滨鸿最后出场，但一举成功，大家都说她有基础，她说，其实也就15年前滑过一次，最重要的是要有一口气，自信就不会倒，信心十足，才能有好的表现。

野外露营。

由于日程紧张，我们滑完雪就直接去搭帐篷。"唐老鸭"以前参加过不少考察活动和探险活动，被视为行家。他忙前忙后，挡住了镜头，摄像师伸手推他时，突然惊叫起来：你的背上怎么硬邦邦的？回到住处一查，原来，他练滑冰练得投入，出了一身的汗，风一吹，衣服冻成冰坨子了。大家不禁感慨道："'唐老鸭'原来如此认真！"

次日清晨，摄像师要拍队员晨起的镜头，让"唐老鸭"从帐篷里出来。"唐老鸭"的表演欲忽然来了，他小心翼翼地将帐篷打开，探出一个光光的脑袋，像逃亡地主似的四处张望了一通，然后钻了出来。大家以为他伸伸懒腰就算了，没想到他突然跑到帐篷的一边，背对着镜头做起撒尿的动作，肩膀还一耸一耸的，然后围着帐篷跑了起来。大家笑得快要直不起腰来。"唐老鸭"煞有介事地说："我太太是电视导演，我在家是受过表演训练的！"

GPS卫星定位定向。

训练GPS卫星定位定向，就是让你手持一个小GPS，从野外找回大本营或预设的目标。教练要我们分成两个小组。本班长便任命葛剑雄教授和"唐老鸭"当组长，"唐老鸭"坚决不从，最后决定抽签。何怀宏教授引经据典，说抽签是民主的一个表现形式，古希腊人就是用这种方式来进行民主活动的。最后"唐老鸭"未能"幸免"。这家伙随遇而安，立即开始找当组长的好处：当了组长，是不是想整谁就整谁呀？是不是连班长也要听我的呀？组长的权力能持续多长时间呀？一副地道的"官迷"模样。

夏立民教练是年轻的"老南极"，野外生存经验极为丰富，先后为多个国家的考察队员进行过生存训练。当我们离开亚布力滑雪场时，学者们个个被夏教练的严苛训练折腾得腰酸背痛，但又个个兴奋不已。遥望天际，我们似乎已看到了南极。

体检过了——虽然有点勉强。

心理测试过了。

生存训练，按教练打了折扣后的标准，也算过了关。

接下来，似乎再也没有什么能阻挡我们的南极之行了！

梦想的大门，已经露出了"她"迷人的微笑。

《南极究竟有危险吗？》

这个问题，真不是一句话就能说清的。

在人类社会，我们的危险其实大多来自人。人造成的生命危害——当然包括人操纵机器有意无意造成的生命危害，远在天灾之上。而在南极，来自"人"的危害是不存在的，人见了人都亲热，就像一只狗在都市熙攘喧嚣的大道上见了另一只狗似的。

人在南极，其危险完全来自自然环境。可以说，那的确是危机四伏的。临行前，首席极地科学家陈立奇对我们进行了多次南极探险考察历史、自然环境、生物链、生存条件、各国南极政策等知识的培训，让我们对南极有了一定的了解。

冰盖。

南极大陆95%的面积是被冰盖覆盖着的，冰盖厚达数百米到四五千米。冰盖中处处都有巨大的冰裂缝，深的有上千米，而表面是一层新雪，谁也看不出那美丽晶莹的雪地下面隐藏着死亡。曾经不止一辆履带车掉下去，掉下去的车当然永远也上不来了。每年也不止一个人掉下去。掉下去的人，如果事前没有严密的保护措施，只能成为供几千几万年后科学家使用的人体标本。据介绍，南极每年都有考察者死于冰盖。

雪雾。

南极天气变幻莫测。就算是在夏季，刚才还是晴空万里，不一会儿可能就已雪大风急。风雪交加，会形成"乳白天气"。科学家说，那时四野皆白，你什么也看不见，好像把人放在牛奶瓶中。如果那一刻你正好在野外，你只能就地挖个雪洞蹲着等待救援，否则你可能在慌乱中因踩空而摔伤或摔死。据介绍，因雪雾而伤亡人，在南极考察中时有发生。某国一位考察队员曾因雪雾而迷失方向，最后摔伤冻死。当队友找到他时，发现他离考察站大本营其实只有几十米！不少科学家曾有蹲在雪洞中六七天、靠吃雪维持生命的经历。

医疗。

南极只有简单的药物和医疗设施，一般一个考察站有一名医生，基本是全科医生。稍严重一些的病治不了，要送出南极医治。而最可怕的是，没有飞机进出南极——在乔治王岛上，曾有连续4个月无法进出飞机的天气。

附 录

上述危险，在南极的两季都有。而冬季由于有漫长的极夜期，这样的危险还会被放大许多倍。

但我们还是比较安全的。我们是在南极最好的季节去的、极昼，能见度最好，气温最高。而且，作为国家派出的第17次考察队，危险已被过去16年间许多科学家和考察队员降到最低了。我们国家在那儿建立了很好的站点，有相当健全的生活设施。作为后来者，我们如果不擅自行动，就不会有什么危险。同时，长城站有严格的规定，不允许我们独自去野外，去野外时都要由经验丰富的科学家或考察队的老队员带队。要不是我们后来私自上冰盖而且没有安全保障措施，我们可以说是没有什么危险的。

所以，我不赞成南极极其危险的说法，南极的确不是人类的禁区。但我更不赞成南极没有危险的说法，因为，在南极几乎每年都有人付出生命的代价。说南极没有危险的人，大多是很少出野外、天气一坏就不出门的人，或是无视客观事实的人。

有一天，我们去韩国站访问后，由韩国考察站的副站长Ben-Kuan KOO（库本观）先生带着另一位队员驾汽艇送回。到长城站时，天气已有点变化，我们挽留他们住下，他们也下了船，但不知怎的一转念，又决定走了。看着他们消失在海上，风浪渐大，我们都隐隐地担心起来。20多分钟后，韩国站站长Soon-KeunCHANG（蒋舜权）先生突然通过高频电话呼叫长城站，问KOO怎么还没回去。那时海上已是狂风大作，我们一听，都紧张起来，大家全聚在餐厅里，心揪着。不到3分钟，头顶突然传来了直升机的轰鸣声。乌拉圭的直升机飞行员又通过电话问KOO走的时间和方向。看来是韩国站站长向乌拉圭站求援了。赵萍通过高频电话告诉他们，说KOO已走了半个小时，是要直接返回韩国站的。话音未落，直升机已呼啸而去，顺着海面低空探寻。我们就那么呆立着，心里直后悔没有强留他们住下。一位教授说，要是出了意外，我们一生都会不安。10分钟后，电话铃声又骤然响起，大家紧张万分，紧盯着赵萍。放下电话，赵萍长吁了一口气，说KOO刚上路不久，汽艇就被狂风刮得像浪尖上的一片树叶，无法驾驭，他们只好放弃返站计划，靠海岸线的帮助，赶到最近的智利站避难去了。

不久后的一天，3位外国考察队员全副武装后登上了乔治王岛的科林斯冰盖。半个小时后不幸落入冰缝，幸好他们有极好的保障，直升机也瞬间到达，尽管如此，其中两人仍然骨折、严重冻伤。

1月27日，长城站举办春节招待会，气氛热烈。俄罗斯考察站的站长奥列格却躲在角落里，神情黯然。王站长担心招待不周，让俄语专业出身的邵滨鸿上前询问。一问才知道，在这一天的上午，一位美丽的英国姑娘突然心脏病发作，奥列格带着队医火速赶到，但仍束手无策，眼睁睁地看着那个美丽的生命枯萎了。后来直升机载着专家赶到，但早已回天无力。

我们队伍中也出现了危险。一位教授几度心脏病发作，其中临回国前的一次特别严重。2月6日晚，他自己都觉得"今天恐怕是过不去了"！全站上下十分紧张，站长、医生和我都忧心如焚。林清医生几乎两天两夜没有合眼，就差打地铺守候了。我则一夜无眠，每一个多小时起来探视一次，听他的呼吸是否正常，并日夜随身带着救心丸，以防不测。

2月5日，我们在多次申请上冰盖未被批准后，决定"擅自行动"，瞒着考察站领导私自上了冰盖。由于没有考察站的指导和帮助，我们只在避难所的角落里找到一条六七米长的细绳子。争执半天，大家决定由比较沉稳的何怀宏教授打头探路，相对年轻力壮的我在第二位以防不测，那条绳子的两端把我们俩的腰部绑住后，中间仅剩三四米了。这与每人间隔10米、绳子长度不少于50米、绳子的拉力要符合国际登山运动的标准、一般要求"五人一串"的规定比起来，几乎可以说是没有任何保护措施了。当我们小心翼翼地走出200多米后，就在各自的脚边发现了大大小小的冰裂缝，它们发出一种幽蓝的诱人光芒。我们立即撤退。撤退到接近边缘时，我开始跑起来，不料一脚踩空，人摔了出去。大家战战兢兢地靠近一看，心全提到嗓子眼儿了：我踩的是一个不见底的冰洞。

从冰盖上下来后，周国平教授说："阿正，刚才要是你掉落下去了，我们所能做的，就是趴在洞口附近，用笔记下你的最后几句话，并承诺把它带给你的家人。"

当天深夜，我从梦中醒来，脊背满是冷汗。

我突然悟到，最可怕的肯定不是死亡，而是——

死亡前的那一份绝望。

附录2

漳墩作为"贡茶"产地、"小白茶"发源地的历史考证

17项历史史实的考证

1.贡茶源起

从贡茶开始溯源论证,意在考证漳墩与宫廷用茶的关联,帮其建立比"小白茶发源地"更为显赫的历史地位。

贡茶是古代朝廷用茶,专供皇宫享用。在中国已有数千年历史,贡茶对整个茶叶生产和茶叶文化的影响是巨大的。贡茶的缘起与封建制度的建立密切相关,其实质是封建社会里君主统治的维系象征,贡茶制度是中国封建礼教的象征。

贡茶起源于周朝,见于汉晋,定制于唐,盛于宋,延及明清。

初始,贡茶是地方官吏征收各种名茶作为土特产品进贡皇朝的茶。

自唐朝开始,贡茶有了进一步发展,专门在重要的名茶产区设立贡茶院,由官府直接管理,细求精制,督造各种贡茶。

入宋,贡茶沿袭唐制,但贡茶院渐趋衰落,福建建安(今建瓯)境内凤凰山"北苑龙焙"代之而大兴,其规模也很壮观,且名声显赫。成品茶按质量优次分10个等级,朝廷官员按职位高低分别享用。入元明,贡焙制有所削弱,仅在福建武夷山置小型御茶园,定额纳贡制仍照样实施。福建贡茶产地由武夷山产区取代

北苑。

清朝，贡茶的产地进一步扩大，有些贡茶的茶名由皇帝亲自指定，岁必采办进贡；贡额由朝廷明确规定，康熙二十三年（1684年），福建省的贡额为2350斤。

中国贡茶制度历史悠久，以宋代为盛，福建建瓯是公认的宋代贡茶监制地。至清朝，仍以福建为贡茶主产区，康熙年间占据4成之多。

2.北苑贡茶

北苑贡茶始于南唐五代十国闽龙启元年（933年），止于明朝洪武二十四年（1391年）。历经后唐（五代十国闽国）、宋、元、明4个朝代，29位皇帝，持续御贡朝廷达458年。

北宋王朝初立，设立茶局，派重臣督造皇家御茶，终选福建建州凤凰山北苑贡茶为皇家御茶，开启了中国茶叶史上的新篇章。

宋代的皇家茶园设在福建建安郡北苑（今属建瓯）。上贡名品达百余种，"龙团凤饼"成为当时贡茶的专属形态，并以此成为传世名品。

北宋周绛《补茶经》载："天下之茶，建为最，建之北苑又为最。"建指建州（含今天闽北广大地区），北苑也称北苑御焙、北苑龙焙，是宋代全国精制茶制作中心。

北苑贡茶主产区在宋代建安县（今建瓯和建阳一部分），这里是古商道必经之处。

明朝后淡化北苑产区，强化武夷产区，北苑贡茶渐渐消失在历史的长河里。

作为贡茶的重要一支，"天下之茶建为最"，百余种贡茶覆盖整个建州，其中主要涉及今日建瓯的北苑，北苑周边也被覆盖。

3.北苑贡茶明清变迁

自明初罢御茶园后，北苑茶业进入一个相对沉寂的时期。

15世纪末到16世纪初，福建的"海上丝绸之路"兴起，给了包括北苑茶在内的建茶以新机遇，茶农纷纷谋求出口。

民国版《建瓯县志》记述:"清咸同间,……所出工夫茶年以千数百万计,实超过宋代而有过之……"

17世纪初,泉州、厦门港口开放,荷兰商人前来大量采购茶叶,建茶又出现兴盛期。至清道光年间,全县制茶作坊上千处,大都是本地人开设。

同治十二年(1873年),俄商到建安(今建瓯)设砖茶厂,当年产砖茶4500担。

光绪三年(1877年),俄商从建宁府运往福州出口的乌龙砖茶达35050担。

虽然北苑贡茶被取消,但原北苑产区的贡茶并未从此消失,而是由"内供"转向"外销",通过出口的方式延续了北苑贡茶的脉络,产销量不降反升。

4.漳墩小白茶创始

清乾隆三十七年至四十七年(1772—1782年),建州(建宁府)瓯宁县(主要包括今建阳)紫溪里(漳墩,现建阳区漳墩镇桔坑村南坑自然村)肖苏伯和肖占高的父辈创制了小白茶,肖氏采用当地菜茶幼嫩芽叶制成"漳墩白",即小白茶。

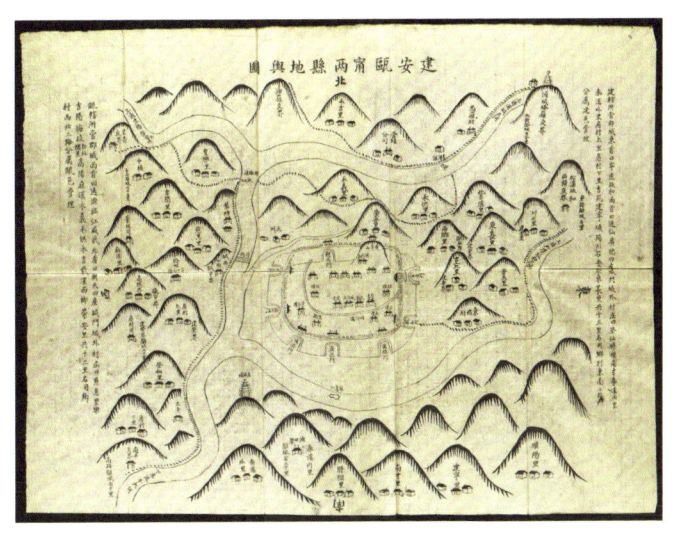

清代乾嘉时期(1736—1820年),肖氏家族已是当地实力雄厚的茶商世家。据考证,漳墩小白茶是最早出现的现代意义上的小白茶,俗称漳墩白、小白

茶、白仔、菜茶、白毫茶、老君眉。

漳墩小白茶作为史料中"最早的白茶",其与贡茶的关系,需要从贯穿整个北苑地区的茶叶历史中来寻找。

5.唐宋建州考证

建州,也是"福建"名称中"建"字的由来。建州(今福建北部的南平地区),处于举世闻名武夷山的东南侧。

唐朝,福建基本上由建州和泉州构成。宋朝沿袭了唐朝的建制,只是在权力结构上进行了重组,赵匡胤将唐朝藩镇节度使的权力全部收归朝廷,设立福建路(福建省的前身),转运使司和提举常平司的办公地设在建州(建宁府),提点刑狱司与帅司(军队)的办公地设在福建福州。

从今天来看,宋朝的"建州"行政管辖范围大致是今天的闽北10个县市,以及闽中三县——泰宁县、建宁县、将乐县(共5490.98平方公里)和闽东两县——屏南县、古田县(共3862平方公里)。

古建州疆域甚广,其中包括闽北10个县市(含今天的建瓯和建阳),漳墩也在其中。民国时期建安、瓯宁两县合并,名建瓯。

6.漳墩地理考证

古代史籍所记多止于县,县以下罕有见诸记载者。

关于"漳墩"的最早记载,竟是在清朝初年的《金门志》卷十一:"四月,侦贼纠集顺昌诸匪进踞漳墩;知县潘文凤商由钟石、西霞两路进师讨之,夺超直赴漳墩。战方酣,伏发,我军皆溃……"

附录

漳墩镇位于今建阳东部，与松溪、政和、浦城、建瓯相连。漳墩，宋代时属于建安府，民国时属建瓯县，20世纪40年代时属水吉县，1956年才隶属于建阳县。

明代《八闽通志》中开始出现建安叶墩的地名，坊间传是漳墩的前身。

史籍中关于贡茶产区的描述多以大地名记之，故漳墩未见于记载。但因与松溪、政和、浦城、建瓯毗连，是闽浙路程最短的一条古商道的必经之处，确实是历史悠久的产茶区。

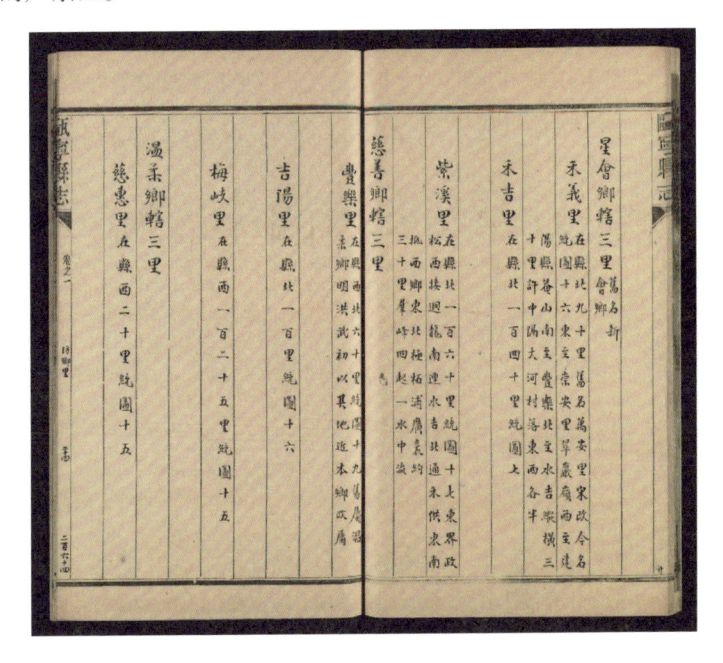

7.漳墩与紫溪里

清康熙三十二年（1693年）的《瓯宁县志》记载：崇安里在县北十五里；紫溪里在县北一百六十里……南连水吉……广袤约三十里。

明朝中期《八闽通志》卷十五记载：崇安里（此非武夷山的崇安里，而是建安县的崇安里）统图十六，在府城北四十五里。西乡里统图十七，距府城一百二十里。紫溪里统图十七，距府城一百六十里。

史料中关于紫溪里的记载，可以印证紫溪里即为漳墩，或属漳墩。

8.漳墩与北苑遗址

从地形山脉看，漳墩和北苑遗址虽然相隔40余公里，但皆属于凤凰山麓。在凤凰山麓，至今仅漳墩镇"凤凰村"延续"凤凰"之名，这或许可为凤凰山产区囊括漳墩的另一佐证。

9.建茶与北苑贡茶

建茶，又名建溪茶，即建溪流域的茶。建溪是闽江上游三大溪中最大的溪流，水系源头在武夷山脉和仙霞岭余脉，南平以上流域面积达16396平方公里，占闽江流域的27%。河系贯通崇安、建阳、浦城、松溪、政和、建瓯、南平7个县市。

建茶因产于福建建溪流域而得名。建茶以宋代福建建州建安县（今福建省建瓯市境内）的北苑凤凰山一带为主体产茶区。

宋宣和年间，状元黄裳在《茶苑·其一》诗中指出，"莫道雨芽非北苑，须知山脉是东溪"，明确指出建茶的产地范围和地理条件，其时闽北茶均以建茶闻名于世。

唐代陆羽《茶经·八之出》云："岭南生福州、建州、韶州……往往得之，其味极佳。"其岭（武夷山）东南侧的茶是武夷茶、北苑茶、壑源茶、沙溪茶、延平半岩茶、政和白茶的总称，史称建茶或建溪芽。

建茶类有绿茶、白茶、乌龙茶（青茶）、红茶4大类，唐宋时称建茶，即闽北茶叶的总称。

明嘉靖时期《建宁府志》记载：北苑在郡城东，先是建州贡茶首称北苑龙团，而武夷石乳之名未著。至元时，设场于武夷，遂与北苑并称。今则但知有武夷，不知有北苑矣。

建茶泛指建州之茶，古有"建溪官茶天下绝"的赞誉，主产区则指向建溪流域，包括建阳、政和、建瓯等主要白茶产区，漳墩当然位列其中。后来，武夷产区声名鹊起，漳墩亦在列。

北宋周绛《补茶经》记载："天下之茶，建为最，建之北苑又为最。"历唐宋以降数朝千余年来声誉不绝。

北宋宋子安的《东溪试茶录》记载：我宋建隆已来，环北苑近焙，岁取上供，外焙俱还民间而裁税之……泉庆历中，取苏口、曾坑、石坑、重院还属北苑焉。

明代徐勃《茶考》记载："然山中土气宜茶，环九曲之内，不下数百家，皆以种茶为业，岁所产数十万斤，水浮陆转，鬻之四方，而武夷之名，甲于天下矣。"

明末清初，武夷岩茶脱胎于历史上的建茶。明代何乔远《闽书》记载："宋时建州之茶名天下，以建安北苑为第一，而今武夷贵矣。"

北苑茶"环九曲之内，不下数百家"，可见，北苑为建茶的集散地，而原料取自方圆数里的周边，漳墩茶也在其中。

10.陆羽所论建茶，福鼎认领

《茶经·八之出》记载：黔中生恩州、播州、费州、夷州，江南生鄂州、袁州、吉州，岭南生福州、建州、韶州、象州。其恩、播、费、夷、鄂、袁、吉、福、建、泉、韶、象十一州未详。往往得之，其味极佳。

"白茶"一词最早便出现在《茶经》中："永嘉县东三百里有白茶山"，这被认为是关于福鼎白茶最早的记录。

陈椽在《茶业通史》中更正道："永嘉（今温州）东三百里是海，是南三百里之误读。南三百里是福建的福鼎（唐为长溪县辖区），系白茶原产地。"

福鼎以此解读，引为正统的理论支撑，助力其成为中国最大的白茶产区和出口基地。

《茶经》所记载"白茶",并未明确言及漳墩,且已被福鼎抢占。《茶经》再难为漳墩所用。

2015年,已经106岁的茶界泰斗张天福先生亲笔题写"中国白茶发源地——福鼎",漳墩再难以"白茶"之名竞争于市。我们为漳墩白茶制定的细分定位"小白茶",确为不二之选!

11.转运使与北苑焙局

宋代北苑茶事摩崖石刻,勒刻碑文80字,其中有"建州东,凤凰山,厥植宜茶。惟北苑,太平兴国初,始为御焙,岁贡龙凤……"明确指出,宋仁宗庆历七年(1047年)福建转运使奉诏在北苑造茶的事,记述凤凰山北苑,在太平兴国初,已岁贡龙凤茶。北苑的焙局所在,北苑的建筑,都与历史记载相符。

从而可以判定,宋代北苑茶焙、茶园确在建安无疑。

欧阳修《归田录》有"其品精绝,谓之小团,凡二十饼重一斤,其价值金二两,然金可有,而茶不可得",以致当时王公将相都有"黄金可得,龙团难求"之感叹。

北苑为贡茶焙局所在地,"龙团凤饼"由此而生。但北苑并非贡茶的唯一原料产地,其主要价值是依托州府所在地设立的"监制机构",凤凰山周边皆为贡茶焙局提供龙团凤饼的茶原料。而从地形山脉看,漳墩和北苑遗址虽然相隔40余公里,但位于凤凰山北麓,且凤凰山麓周边至今仅漳墩镇"凤凰村"一地延续"凤凰"之名,据此可以大胆断言,漳墩当时必在供应"茶原料"之列。

12.正焙与外焙

宋代叶梦得《避暑录话》记载:北苑茶,正所产为曾坑,谓之正焙;非曾坑为沙溪,谓之外焙。二地相去不远,而茶种悬绝。沙溪色白,过于曾坑,但味短而微涩,识者一啜,如别泾渭也。

宋徽宗赵佶《大观茶论》记载:世称外焙之茶,窃小而色驳,体耗而味淡。方正之焙,昭然可别。近之好事者,箧笥之中,往往半之,蓄外焙之品。盖外焙

附录

之家，久而益工；制之妙，咸取则于壑源（指北苑），效像规模，摹外为正，殊不知其肯虽等而蔑风骨，色泽虽润而无藏蓄，体虽实而缜密乏理，味虽重而涩滞乏香，何所逃乎外焙哉！

南宋胡仔《苕溪渔隐丛话前集》记载：北苑乃龙焙其言"帝规武夷作茶囿"者，非也。想当时传闻不审，又以武夷山为凤凰山……其时北苑茶山，乃名凤凰山也。

明徐勃《武夷茶考》记载：闽中所产，以建安北苑第一，壑源诸处次之。武夷之名，宋季未有闻也。

正焙与外焙的产地距离不远，但形色和口感差异较为明显。即使同为正焙的北苑和壑源，也有高低之分。

13.漳墩当属"正焙"

讲述古代茶叶制作的典籍《东溪试茶录》,为宋代宋子安所撰,1064年前后写成。作者因丁谓、蔡襄写的建安茶事尚有未尽,因此写成此书。全书约3000字,首为序论,次分总叙、焙名、茶病等8目。

《东溪试茶录》记载:建溪之焙三十有二,北苑首其一。

《壑源》记载:建安郡东望北苑之南山,丛然而秀,高峙数百丈,如郭郭焉。其绝顶西南下视建之地邑(民间谓之望州山)山起壑源口而西,周抱北苑之群山,迤逦南绝其尾,岿然山阜高者为壑源头,言壑源岭山自此首也。

沙溪去北苑西十里,山浅土薄,茶生则叶细,芽不肥乳。自溪口诸焙,色黄而土气;自龚漈南曰挺头,又西曰章坑,又南曰永安,西南曰南坑。

漈其西曰砰溪。又有周坑、范源、温汤漈厄源、黄坑、石龟、李坑、章坑、章村、小梨,皆属沙溪。

宋黄儒《品茶要录》记载:壑源、沙溪,其地相背,而中隔一岭,其势无数里之远,然茶产顿殊。

北苑是当之无愧的正焙,作为外焙的沙溪"去北苑西十里",显然与位于北苑北40公里的漳墩不在同一区域,故漳墩不属外焙,当属"正焙"。

14.张天福论小白茶

1956年,张天福发表《福建省白茶调查报告》。相关内容有:

贡眉出自寿眉,寿眉出自白毫,白毫出自小白(白子),小白出自南坑白。

以制茶种类说,先有银针,后有白牡丹,再有贡眉、寿眉;先有小白,后有大白,再有水仙白。

白茶主要产地为闽北的松溪、政和、建阳和闽东的福鼎等县,闽北的建瓯、浦城两县也有少量生产。

1936年,政和产1084担,水吉产1580担,福鼎产616担,共计3280担。

从(1963年)各县的白茶产量看,建阳产

量最多，约占总产量的56%，其中小白占绝大部分。

张天福的著作明确了小白茶为大白茶之源，印证了建阳是白茶的主要产地，且当时水吉（辖漳墩）产量颇丰。他还指出，大白茶是由福鼎传入水吉的。这从另一个角度证明，福鼎大白茶传入之前，漳墩生产的是小白茶。

15.宋徽宗《大观茶论》盛赞白茶

宋徽宗赵佶所撰《大观茶论》盛赞白茶：

"白茶自为一种，与常茶不同。"

"本朝之兴，岁修建溪之贡，龙团凤饼，名冠天下，而壑源之品，亦自此而盛。"

"故近岁以来，采择之精，制作之工，品第之胜，烹点之妙，莫不咸造其极。"

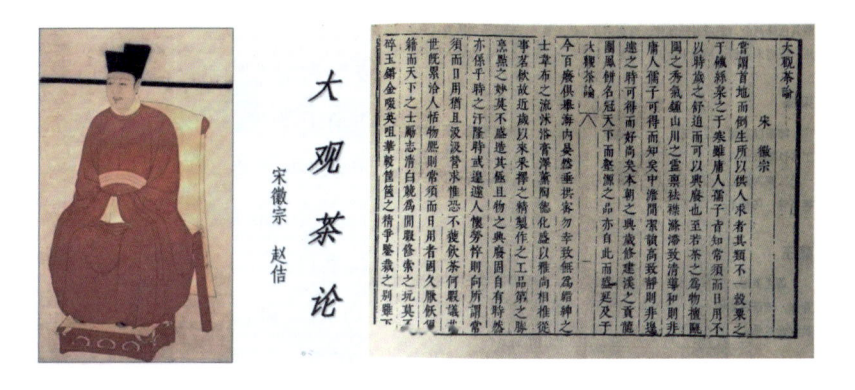

"其条敷阐，其叶莹薄。崖林之间，偶然生出，虽非人力所可致。正焙之有者不过四五家，生者不过一二株，所造止于二三銙而已。"

"夫茶以味为上，香、甘、重、滑，为味之全，惟北苑壑源之品兼之。"

《大观茶论》里说的白茶，是早期产于北苑御焙茶山上的野生白叶茶，并非现代意义上的白茶。

宋徽宗赵佶《大观茶论》言明白茶自为一种，且出自"建溪"，正焙产量甚少，而采择与制作分而行之。

16.蔡襄推崇建安贡茶

蔡襄的《茶录》补陆羽《茶经》不录闽茶之疏，从茶品到品茶到茶具，论述建茶之要，影响深远，是研究宋茶的经典。

《茶录》记载："臣皇祐中修起居注，奏事仁宗皇帝，屡承天问，以建安贡茶并所以试茶之状。臣谓论茶虽禁中语，无事于密，造茶录二篇上进。"

"昔陆羽《茶经》，不第建安之品。"

"茶味主于甘滑。惟北苑凤凰山连属诸焙所产者味佳。隔溪诸山，虽及时加意制作，色味皆重，莫能及也。"

蔡襄《茶录》指出陆羽未记录建安的茶，对"北苑贡茶"所述凿凿，并言明建溪所隔诸山所产茶虽"及时加意制作"（工序一致），品质泾渭分明。

17.清代小白茶记载

"贡眉白茶"是全国独有的白茶品种，被誉为闽茶中的"一枝独秀"。白毫茶称为"小白"，其成品茶为"贡眉"，因创制于漳墩，所以称为漳墩贡眉小白茶。清光绪年间该茶被列为朝廷贡品，并很快成为福建特产。

漳墩贡眉小白茶因其有三白（芽白、第一二叶均带有白毫毛）而得名。《建瓯县志》明确记载："白毫茶，出西乡、紫溪二里。"

清乾嘉时期（1736—1796年），肖氏肖苏伯、肖占高是漳墩有名的茶农兼茶商。在乾隆五十七年至嘉庆七年（1792—1802年），肖苏伯多年贩运白茶到广州销售。从产品创始到商品形成，大体要历经二三十年，按此推算，则在乾隆三十七年至四十七年（1772—1782年），肖苏伯、肖占高的父辈已经创制白茶。

而真正意义上的福鼎白茶的起源，是依照中国茶业泰斗张天福在《福建白茶的调查研究》一文中所述，应该以清嘉庆元年（1796年）在福鼎创制的银针作为标志。

也就是说，漳墩"贡眉小白茶"比福鼎用菜茶芽头创制"白毫银针"的1796年，早了20多年。

历史困境与辨析

从如今白茶的格局看，福鼎白茶显然与宋代建茶无关，因而也与宋代贡茶的概念无关。政和则在宋代建茶（建溪茶）产区，但与北苑、凤凰山所在地建瓯比，则无优势。因此，若说宋代贡茶、建茶概念，建瓯的优势无可比拟。

而漳墩小白茶如果策划精准，将占据最优竞争态势：

漳墩属于建州。北苑作为宋朝贡茶的输出区域，其涵盖范围极广，漳墩无疑位列其中。建茶也从建溪流经之地证明，今建瓯、建阳均在其涵盖范围。

宋徽宗提及"采择之精，制作之工"，言外之意，是白茶的采择和制作分属不同的环节。蔡襄《茶录》中描述，即使同样"加意制作"，因产地不同，白茶的品质也各不相同。据此可推论：北苑是宋朝贡茶的输出区域，原料却来自周边地区，核心产地是凤凰山区域。换言之，北苑是终极加工的区域（依托州府所在地而设的"监制机构"），而漳墩位于凤凰山北麓，属于核心的原料产区。

因此，从地理位置上看，漳墩历史上既有凤凰山产茶区和北苑贡茶原料地之实，又占有后来居上的武夷产茶区概念。《建瓯县志》明确指出，"白毫茶，出西乡、紫溪二里"。也就是说，漳墩当年是建瓯北苑贡茶的黄金产区，承继北苑贡茶之名当无争议。

从制作工艺上说，漳墩小白茶的代表——南坑白是从清朝开始出现的。"先有小白，后有大白"已成定论，与福鼎白茶比，漳墩小白茶拥有"宋代贡茶"的历史优势和"小白茶发源地"的品类优势。

通过对史料的挖掘与考证，我们从多个维度证明了漳墩小白茶源起宋代"北苑贡茶"，同属"北苑贡茶"产区之凤凰山北麓。简言之，建瓯北苑贡茶、凤凰山麓所有的历史荣耀，漳墩均可共享。而拥戴建瓯北苑贡茶的历史地位，既是尊重历史事实，也是漳墩"傍大树"的现实策略。

唯一的缺陷，是"漳墩"二字几乎未能直接见载于史籍，没有明确的记载和指向。这就需要我们力搜旁证，强化证据，以形成完整的证据链。

7项历史旁证的搜集

1.点茶技艺之证

点茶是宋朝饮茶的主要方式。宋徽宗赵佶的《大观茶论》、蔡襄的《茶录》和南宋审安老人董真卿的《茶具图赞》等为主要历史依据。

点：点茶不一。而调膏继刻以汤注之，手重筅轻，无粟文蟹眼者，调之静面点。盖击拂无力，茶不发立，水乳未浃，又复增汤，色泽不尽，英华沦散，茶无立作矣。有随汤击拂，手筅俱重，立文泛泛。谓之一发点。盖用汤已故，指腕不圆，粥面未凝，茶力已尽，云雾虽泛，水脚易生。妙于此者，量茶受汤，调如融胶。环注盏畔，勿使侵茶。势不欲猛，先须搅动茶膏，渐加周拂。手轻筅重，指绕腕旋，上下透彻，如酵蘖之起面。疏星皎月，粲然而生，则茶之根本立矣。第二汤自茶面注之……（宋徽宗：《大观茶论》）

点茶：茶少汤多，则云脚散；汤少茶多，则粥面聚。钞茶一钱七，先注汤调令极匀，又添注入环回去拂。汤上盏可四分则止，视其面色鲜白，著盏无水痕为绝佳。建安斗试，以水痕先者为负，耐久者为胜，故较胜负之说，曰：相去一水两水。（蔡襄：《茶录》）

被众多媒体和乡亲亲切地称为"小白妈妈""小白镇长""陈小白"的漳墩镇镇长陈莉娜，正是失传千年的"点茶技艺"的复原者和传承人。

大宋皇帝和翰林学士饶有兴味地记述点茶技艺，千年之后，"小白镇长"陈莉娜遍览史籍，复活点茶技艺于漳墩，让漳墩小白茶沿袭于宋朝贡茶的历史有了一段佳话。

2.制茶技艺之证

《大观茶论》记载的内容包括采茶的时期、方法、蒸茶、榨茶、制茶方法，以及鉴别茶品的方法，并以陆羽的《茶经》为立论基点，再结合宋朝的变革而详加讨论。

科学家方以智于清顺治十一年（1654年）著《物理小识》，对武夷茶区的茶叶制作技术有详细的描写："制有三法，……一法沸汤微焊，晾干，绵纸籍而焙之……"这是记载白茶加工工艺的最早文字。

1772—1782年，今建阳区漳墩镇南坑（时称西乡、紫溪二里）肖氏以采自当地菜茶幼嫩的芽叶制成白茶，形成现在的白茶制作工艺。晾晒后经过文火烘焙加工的茶，白毫显露，当地人俗称"白毫""小白茶"，后称之为"贡眉"，也叫"老君眉"。《闽产录异》载："老君眉叶长味郁。"

小白茶制作工艺脱胎于贡茶制作，从侧面证明漳墩小白茶制作工艺独到，且能通过史籍中工艺的记载印证漳墩是白茶传统技艺的诞生地。

3.建盏之证

建窑，宋代名窑之一，也称"建安窑""乌泥窑"，窑址在福建建阳水吉镇。该窑始于晚唐，盛于宋，而衰于元。

宋朝，建窑开始生产建盏，宋代文人墨客称颂纷纷，如"忽惊午盏兔毫斑""建安瓷盌鹧鸪斑""松风鸣雷兔毫霜""鹧鸪碗面云萦字，兔毫瓯心雪作泓""鹧鸪斑中吸春露"等，留下无数的历史印记和佳话！

建窑原是江南地区的民窑，北宋晚期，由于斗茶的特殊需要，烧制了专供宫廷用的黑盏，部分茶盏底部刻印有"供御"或"进盏"字样。

宋徽宗的《大观茶记》记载："盏色贵青黑，玉毫条达者为上，取其燠发茶采色也。底必差深而微宽。底深，则茶宜立而易于取乳，宽则运筅旋彻，不碍击拂。然须度茶之多少，用盏之大小。盏高茶少，则掩蔽茶色，茶多盏小，则受汤不尽。盏惟热，则茶发立耐久。"

蔡襄的《茶论》记载："茶色白，宜黑盏，建安所造者绀黑，纹如兔毫，其坯微厚，熁之久热难冷，最为要用。出他处者，或薄或色紫，皆不及也。其青白盏，斗试家自不用。"

建盏即为宋徽宗和蔡襄所记的"贡茶标配"，其产地水吉，与漳墩紧邻。水吉置县时，漳墩为其所辖。

曜变　　　　　鹧鸪斑

油滴　　　　　兔毫

建盏盛于宋朝，作为宋代贡茶的直接关联元素，随北苑贡茶之兴盛而兴盛，也随北苑贡茶之衰落而衰落。

4.宋代茶叶产量之证

东南地区气候湿润，非常适宜茶树生长，茶叶产量得到迅猛发展。

据《宋史·食货志》等的记载，北宋政府每年购买的茶叶总额有2906万余斤，除官府买卖之外，社会上流通的还有折税茶、贡茶、耗茶和无法禁止的私茶。北宋时期一年的茶叶产量在7000万斤至8000万斤。宋代的1斤折合现在的1.1936斤，换算下来，北宋时期的茶叶年产量应当在8355.2万斤至9548.8万斤，接近1亿斤。

沈括《本朝茶法》记载："国朝六榷货务，十三山场，都卖茶岁一千五十三万 三千七百四十七斤半，祖额钱二百二十五万四千四十七贯一十。……受纳潭、建州、兴国军片茶五十万斤……"

《宋会要辑稿》食货三记载："真州转般茶仓岁以二百五十纲为定额。诏建州茶减五万斤，余从之。"

《元丰九域志》上说，原建安上贡的龙凤团茶为820斤，至元符年间，以片计，约18000片，到元丰时已增至47100片（按20饼为一斤推算，有2350斤）。

宋元时期北苑贡茶庞大的产量，足以证明包括漳墩在内的主要产茶区的重要贡献。

5.近当代白茶产量之证

1936年，水吉县（辖漳墩）白茶产量为83吨，占当年全省白茶总量164吨的50.61%。

据《茶叶通史》记载："1936年，水吉产白茶1640担，约占全省白茶出口的48.17%。1940年核准加工水吉出口白茶3600箱（其中白牡丹950箱、寿眉2650箱），占全国侨销茶的三分之一。"

1939年，水吉县白茶产量为90吨，是年"水吉寿眉占全国侨销茶的三分之一，白牡丹占八分之一"。

至1949年，水吉白茶仅余30吨左右。新中国成立后，生产恢复，白茶才得以重新发展，20世纪50年代末达100吨左右，占全省白茶总产量的80%。

1979年，建阳（辖漳墩）的白茶产量与出口量均达历史最高，分别为573.58吨、533.25吨；其中，建阳区漳墩镇的白茶产量达386吨。

到20世纪80年代，漳墩镇成为建阳白茶的主产区（主产贡眉白茶）。其中，1981年产白茶530吨，是建阳唯一的"万担公社"。

6.南坑、北苑、武夷关联之证

南坑地处北苑（现建瓯东峰）贡茶区的"北区"（北约40公里）和武夷贡茶的东南区，在宋时已被列入北苑茶属区，所产"皆曰北苑"。（嘉靖《建宁府志》卷一）

元大德（1297年）后，北苑渐废而武夷兴，南坑茶便列入武夷属区，所产均称为武夷茶。

施鸿保《闽杂记》（1857年）中说："建茶名品名甚多，吾乡俗则但称曰武夷。"

南坑位于"北苑贡茶区"，也属于武夷贡茶区，虽非明确的核心地带，却没有在历史上形成断代，而是一直沿袭下来。

7.南坑隶属变迁之证

最早的白茶——"南坑白"，创制于建阳漳墩乡桔坑村南坑片。

南坑，宋治平三年（1066年）至清末均属建州（建宁路、府）瓯宁县紫溪里。

1913年，建安、瓯宁两县合并为建瓯县。

1938年，水吉特种区成立，南坑仍属紫溪里。

1940年，成立水吉县，为漳墩乡南坑保。

1949—1956年，南坑为水吉县第六区南坑乡。

1956年秋，水吉、建阳合并为建阳县，南坑为回龙区所辖。

1958—1965年，南坑为漳墩公社南坑大队，1965年后并入桔坑大队（村）。

作为目前公认的"最早的白茶"发源地，南坑从宋代开始便隶属紫溪里，其后虽多次变迁，但均与漳墩关联密切，足以证明漳墩衍生了"最早的白茶"。

通过17项历史史实的考证和7项旁证，我们进一步证明了漳墩小白茶的悠久历史和正统血脉，足以确定：漳墩（南坑）＝小白茶发源地！

附录3

中国王老吉和美国乔布斯：命运异同的背后

一年来，一直关注王老吉的品牌之争。突然有一天，我就莫名其妙地想到了王老吉和乔布斯命运的相似与不同。

两个都曾是"弃儿"。

"王老吉"出生于1928年。1949年新中国成立后，"王老吉"分为境内和海外两部分，均由其后人经营。20世纪50年代公私合营后，境内的王老吉被纳入国企。其被广药集团经营许多年，仅是一个地方性品牌，市场很不理想，遂于1995年将其出租给了香港加多宝公司经营。这就是广药集团所说的：自己是"生父"，而加多宝只是"养父"。

乔布斯1955年生于旧金山。其生父早年将其遗弃，他的生母最终同意由保罗·乔布斯（高中辍学，后成为一名机械师）和克拉拉·乔布斯（一名大学肄业生）夫妇收养他。他有了"养父"，也就有了后来世人皆知的"乔布斯"。

两个都在"养父"的悉心培养下健康成长并取得举世瞩目的骄人成就。

王老吉在加多宝的苦心经营下，从1998年建立第一个生产厂开始，艰难起步，产值由千万做到上亿。2005年业绩上台阶后，双方续约。2008年实现质的飞跃，产值一举突破百亿元。2009年全面超过可口可乐，成为中国市场的第一饮料品牌，继而被评估为中国最具价值的品牌。

乔布斯离开生父后，先后完成了教育过程、创业过程，后来的苹果公司大获成功，举世瞩目。

不同的是，在两"人"取得巨大的成功后，命运却截然不同。

王老吉的"生父"广药集团在看到他的成功后，宣称要从加多宝手中收回经营权，并诉诸法律。

如果收回红罐王老吉，广药集团能经营得比加多宝更好吗？

如果收回红罐王老吉，这"孩子"还能保持强劲势头，与可口可乐等洋品牌抗衡吗？

如果收回红罐王老吉，这"孩子"能进一步走向世界，向着世界知名饮料品牌的目标前进吗？

乔布斯的生父詹达利，则采取了完全不同的态度。

詹达利说，我不能把我孩子们的成就当作自己的功劳。知名作家莫娜·辛普森（Mona Simpson）也是他的孩子。乔布斯还是婴儿的时候就被人领养了。詹达利说，他几乎与乔布斯没有联系，和辛普森的关系也很紧张。

詹达利的密友说，他与孩子们之间的疏离多年来一直让他很伤心。他甚至没有向最亲密的朋友透露过自己是乔布斯和辛普森亲生父亲的事实，因为他担心大家会认为他想借孩子们的光。

《华尔街日报》不久前发表的一篇美国记者的文章写道：

"过去一年里，阿卜杜拉法塔赫·詹达利会定期给自己从未谋面的儿子史蒂夫·乔布斯发封电子邮件。电子邮件都很简短：'生日快乐'或'祝早日康复'。"

不清楚乔布斯是否回过信。乔布斯家的一位朋友说，没有，他没有回过信。不过，詹达利说，他收到过两封简短的回信。

"詹达利说，最后一封信是在乔布斯去世前六周收到的，信中只是说，谢谢。"

对詹达利来说，除他用的iPhone4外，这些电子邮件几乎就是他与参与创建了苹果公司、成为全球最知名商业人士之一的儿子之间唯一的联系。

他默默地关注着自己的儿子，关注着他的一举一动，永远使用着他儿子开发的产品。他使用的第一台以及后来的所有电脑一直都是苹果产品。他家里有苹果的笔记本电脑和台式电脑各一台。苹果发布的每一款iPhone，他都会尽快购买，他还有一台iPad。

这位美国记者继续写道：

"詹达利现年80岁，在内华达州里诺市（Reno）郊外荒山中的博姆敦（Boomtown）赌场担任总经理，管理着约450名赌场工作人员，他因安静的领导风格和精通营销而受到同事们的称赞。上周五，他在巡视赌场时，一名员工拦住他，感谢他装上了5美元的老虎机。詹达利和这名员工握了手，然后在赌场中的中国面馆里坐下来，和往常一样吃了一份三文鱼特价餐。"

詹达利眼角满是皱纹，已经谢顶，剩下的头发也已全白。

"吃完午餐，詹达利走出中餐厅，途经印有挎着枪的牛仔剪影的桌子以及在玩电子扑克游戏机的赌客。詹达利一边走一边晃着手中的iPhone，他平静地说，他们（苹果公司）生产最好的产品，史蒂夫·乔布斯是个天才。"

一个年届八十的老人，面对举世闻名的亲生儿子，他保持了沉默。他默默地注视着乔布斯的一切，内心五味杂陈。他很想和儿子见见面，很想坐下来和他说说话，尤其当得知儿子得了重病之后。可是，在他表达关心的邮件没有得到回复时，他选择了沉默，这个沉默使他保持了一份自尊。不管他曾经多么不负责任，最后保持沉默的他，值得世人敬重！

假如"王老吉"能开口说话……

假如"王老吉"这个孩子能开口说话，他会如何表态？

中国王老吉和美国乔布斯，因为有两个完全不同的"生父"，所以命运大不相同。

这不免让我们感慨并深长思之！

后 记

人生百态，各有千秋，自然也各有所爱、各有所难、各有所恃。或许我们碌碌奔忙只为稻粱谋，眼前只有这一亩三分地赖以生存，但在我们的心中，必定永远有诗和远方在召唤，虽一时身不能至，然心之向往，何能抑之？

无论如何，人生难得！佛教有偈云：人身难得今已得，佛法难闻今已闻；此身不向今生度，更待何生度此身？

从事出版17年，终日与书为伍，因编书、出书、评书、写书、藏书而得"五书俱全"之名，欲以一生事之。然南极之行后因"出尽风头"而招人烦，遂辞别书业，以策划、评论之长进了央视，虽如鱼得水，仍觉四肢不展，4年后再辞职创业，始得海阔天空。每遇新案，则上下五千年、纵横八万里，汪洋恣肆，快意驰骋。即使华发早生，亦不改其乐。

策划是苦心孤诣的心灵之旅，这个过程必然是刻骨铭心的。一经提笔，那些青灯黄卷的日夜，便如在眼前。"争第一、做唯一"的背后，必是为伊消得人憔悴。蓦然回首的惊喜，只是千回百转、踽踽独行后上苍给予的奖赏。

从被怂恿写这本书，到提笔写作，中间隔了20年。虽有案例积累不足的问题，但更主要的是我不想囿于专业范畴，而希望能从思维维度、视野拓展的角度，进行既有专业高度又有大众交流价值的分享。

19个案例是从20年积累的数百个案例中，按类型的代表性及公众的兴趣精选的。由于策划具有战略前瞻的特殊性，一些经典案例尚不能解密。挑选出的这些案例，按"定位决策命运，策划改变命运，传播影响命运"三句话分置其中。分置的原则，依阐发重点与主题关联大小定夺。但实际上，每个案例都贯穿着这三句话的整体系统思维。

从阿正传播到阿正极端策划，前后有数百名青年才俊曾经加盟其中，各有贡献。无论在职的或不在职的，我都对人生中或长或短的交集而感恩。其中，要特别提到并感谢的有：著名作家冶文彪先生（代表作为《清明上河图密码》）、品牌专家孙湛昆先生、地产营销专家高昆展先生、广告专家王丹先生，以及崔爱珍女士、陈雪冰女士、蔡武军先生、吴杨女士、范伯汉先生、赵文先生、姜祯致先生、赵敏女士、王静女士、夏楠先生、贾超超女士等。

阿正传播联合创始人宋瑞女士，幼承家学，佛道双修。留学归国后在央视《幸运52》担任制片主任多年，大局了然，举重若轻，对公司贡献卓越。在此特别致谢！

特别感谢许多常年默默支持我的师友，无论我在哪个行当，他们都相信我的品行、能力和努力。

感谢我从小学到大学的恩师们，在我心里，这串名字闪耀着温暖的光芒：刘维光、郑洪通、陈明考、黄寒柏、颜亚玉、郑剑顺、陈孔立……他们给了我良好的教益，让我永难忘怀。

感谢我的太太索伊拉，她是这本书的推动者和第一位读者。感谢我的父母，他们耿直、善良和勤奋的品质影响了我的一生。

感谢书中各个项目机构提供相关图片并授权使用。尤其感谢我的极地教练夏立民先生，他提供了大量精彩的图片。书中尚有几幅网络新闻报道图片，请拍摄者联系我，我将按国家稿酬标准支付稿酬。

感谢俞敏洪先生、林贤治先生为本书作了热忱的推荐。

感谢南方传媒萧宿荣先生、魏锦女士，广东经济出版社冯常虎先生、刘亚平女士、曾常熠女士，他们为此书的出版付出了很多心血！

感谢生命中所有的遇见。无论善缘恶缘，都成就了我。

感谢阅读此书的您。愿您人生日益畅达，也希望我的分享让您不枉所费的银两和金子般的光阴！

肆虐近三年的新冠疫情，焦虑了整个世界。素来能过心灵生活的文化人，也大半行走在崩溃的边缘，气定神闲的表象已难掩内心孤寂。

世事无常，毁誉常伴，唯此心光明，真诚不改。

阿正
2024年3月11日
北京·境界家园